lonely planet

CRACOVIE

EN QUELQUES JOURS

MARK BAKER

Sommaire

Préparer son séjour 4

Beffroi de l'hôtel de ville (p. 41)

Explorer Cracovie 32

Excursions

Carnet pratique 142

Coups de projecteur

Bienvenue à Cracovie

La légende raconte que Cracovie fut fondée après une victoire sur un dragon, et il est vrai qu'une atmosphère de conte de fées imprègne ses rues et ses places médiévales. Mais bien que profondément ancrée dans l'histoire et les mythes, cette ancienne capitale royale de la Pologne n'en est pas moins une ville bouillonnante de vie, où modernité et traditions se mêlent avec bonheur.

Halle aux Draps (p. 62)

Les incontournables

TANYASAV/GETTY IMAGES ©

Le château royal du Wawel

Un puissant symbole de l'identité polonaise. **p. 36**

ENDLESS TRAVEL/ALAMY STOCK PHOTO ©

Le Rynek souterrain

La rencontre entre technologie moderne et Moyen Âge. **p. 54**

MIKHAIL MARKOVSKIY/SHUTTERSTOCK ©

L'église Notre-Dame

L'église gothique emblématique de Cracovie. **p. 52**

Le Collegium Maius

Une introduction à la science médiévale. **p. 56**

MOLARJUNG/SHUTTERSTOCK ©

L'usine de Schindler

Un récit interactif de l'occupation allemande. **p. 102**

JAROSLAV MORAVCIK/SHUTTERSTOCK ©

KRZYSZTOF DYDYNSKI/LONELY PLANET ©

Le Musée juif de Galicie

L'histoire juive réimaginée à travers des photos. **p. 78**

La mine de sel de Wieliczka

Des merveilles souterraines taillées dans le sel. p. 140

Le mémorial et musée d'Auschwitz-Birkenau

Une leçon historique indispensable, bien qu'éprouvante. p. 136

Se restaurer

Cracovie est un paradis gastronomique. La Vieille Ville regorge d'adresses pour tous les budgets. Beaucoup sont aménagées dans des caves voûtées ou des cours. Outre les établissements polonais, il existe des restaurants italiens, français, indiens, moyen-orientaux, japonais, mexicains, etc. Bon nombre de restaurants de Kazimierz proposent une cuisine juive.

Cuisine polonaise

Nul ne peut se targuer d'avoir mangé polonais tant qu'il n'a pas englouti moult assiettes de *pierogi*, ces raviolis en forme de croissants farcis de fromage, de viande hachée ou de chou. Ou bien de *gołąbki* (feuilles de chou farcies de bœuf et de riz), à ne pas confondre avec le *golonka* (jarret de porc bouilli). Partout, la cuisine est à la fois rassasiante et délicieuse.

Petits budgets

Si les tables chics ne sont pas rares, les petits budgets trouveront aussi de quoi se régaler. Cracovie compte de nombreuses adresses à prix doux appelées *bar mleczny* ("bars à lait" ; p. 67), qui proposent une cuisine polonaise copieuse et abordable, dans le style des cafétérias. Notons aussi que la ville ne manque pas de bars étudiants servant des plats végétariens et végétaliens.

Cuisine de rue

Côté en-cas de rue, Cracovie n'est pas en reste. Sur les trottoirs de la ville, on peut se procurer des *obwarzanki* (d'énormes bretzels ; p. 68). Kazimierz, et en particulier la Plac Nowy, est le haut lieu de la "pizza polonaise", ou *zapiekanka* (photo ; p. 91) : une demi-baguette garnie de fromage, de jambon et de champignons. Les *food trucks*, souvent rassemblés quelques rues au sud-est de la Plac Nowy, font aussi partie du paysage culinaire.

JACKF/GETTY IMAGES ©

Cuisine polonaise

U Babci Maliny Cuisine polonaise à d'excellents tarifs. (p. 68)

Sąsiedzi Des plats raffinés montrant une autre facette de la cuisine nationale. (p. 90)

Miód Malina Coqueluche aux accents rustiques du Wawel. (p. 46)

Pod Aniołami Sanglier sauvage et cave gothique. (p. 46)

Restauracja Pod Norenami Nouilles, raviolis et curries d'inspiration asiatique. (p. 121)

Veganic Adresse végétarienne sophistiquée au chic décrépit. (p. 121)

Déjeuner

Krako Slow Wines Une oasis dans le désert culinaire qui entoure l'usine de Schindler. (p. 109)

Chimera Salad Bar Bar à salades de qualité, facile d'accès à pied depuis la Vieille Ville. (p. 67)

Hawełka Plats du jour au bon rapport qualité/prix dans un lieu Art nouveau. (p. 68)

Hummus Amamamusi Délicieux houmous artisanal au parfum de votre choix. (p. 92)

Cuisine végétarienne et végétalienne

Youmiko Sushi Sushis végétaliens à se damner. (p. 90)

Glonojad Salades, haricots, pâtes et *pierogi* réussis. (p. 121)

Au restaurant

- Il est d'usage de débarrasser sa table dans les bars à lait et les self-services.
- Le service est souvent lent. Pour hâter les choses, prenez vous-même la carte en entrant : elle se trouve généralement près de la porte.

Prendre un verre et faire la fête

La place du marché principal est entourée de débits de boissons dont les terrasses invitent à contempler le défilé des passants. Les bars de Kazimierz sont animés, surtout dans le secteur de la Plac Nowy. Les alentours de la Plac Wolnic, dans l'ouest de Kazimierz, ont aussi vu ouvrir de nombreux bars et cafés ces dernières années.

Bar ou café ?

À Cracovie, il est difficile de faire la différence entre les cafés *arty* servant aussi de l'alcool et les bars bohème servant aussi du café (tous, par ailleurs, offrent de quoi grignoter). Ces établissements semblent même être devenus une spécialité. Ni trop luxueux ni trop bas de gamme, ils sont généralement meublés de tables et de chaises dépareillées, décorés d'un mélange éclectique d'œuvres d'art, et fréquentés par une clientèle décontractée.

Vodka et bière

La vodka (*wódka*), boisson nationale de la Pologne, est normalement consommée dans des shots. La vodka blanche n'est pas la seule variété : il en existe de bien des sortes, de la sucrée à l'*extra dry*. Les Polonais se tournent désormais aussi vers la bière (*piwo*). Vous trouverez plusieurs marques de bonne *piwo* polonaise, telles que la Żywiec, la Tyskie, l'Okocim ou la Lech, et un nombre croissant de brasseries artisanales.

Cafés

BAL Café branché du quartier situé derrière l'usine de Schindler. (p. 112)

Mleczarnia Boisson aux chandelles dans un café à l'ancienne de Kazimierz. (p. 96)

Cafe Pianola Bon café, mais surtout un intérieur Renaissance remarquable. (p. 48)

Dziórawy Kocioł Lieu inspiré par le curieux univers de Harry Potter. (p. 48)

Meho Cafe Adorable jardin, havre de solitude sur cette rue passante. (p. 125)

HEMIS/ALAMY STOCK PHOTO ©

Bars

Forum Przestrzenie Boissons réussies et emplacement de choix au bord de la Vistule. (p. 112)

Piwiarnia Warka Bon bar sportif avec terrasse relaxante pour regarder passer les gens. (p. 123)

Pauza Établissement branché de la Vieille Ville à l'ambiance artiste et intellectuelle. (p. 71)

Spokój Trouvaille rétro au décor kitsch des années 1970. (p. 70)

Cocktails et bière artisanale

Mercy Brown Lieu mystérieux, peut-être le bar le plus excentrique de Cracovie. (p. 123)

Weźże Krafta Rares places libres dans ce palais de la bière artisanale du complexe Tytano. (p. 123)

T.E.A. Time Brew Pub Pour une bière faite sur place, dans les règles de l'art. (p. 97)

Zaraz Wracam Tu Bar à cocktails sans artifices qui revisite le concept des shots. (p. 132)

Lindo Bar à cocktails sympathique envers les homosexuels, à quelques pas de la place du marché principal. (p. 69)

Discothèques

Hevre Ancienne maison de prière juive qui s'anime les soirs de week-end. (p. 95)

Scena54 Piste de danse dans le Tytano pour les fêtards de tous les âges. (p. 123)

Feniks Atmosphère chic avec rideaux de velours rouge et nappes blanches. (p. 71)

Klub Społem Discothèque souterraine bardée d'éléments kitsch rappelant le communisme. (photo ; p. 71)

Shopping

À Cracovie, un vaste éventail de boutiques écoule T-shirts, sublimes verreries de cristal et bien d'autres articles. La Vieille Ville et Kazimierz concentrent de nombreux commerces d'intérêt. Vous pouvez commencer par vous rendre au marché aux souvenirs situé dans la halle aux Draps (p. 62), sur la place du marché principal.

Souvenirs polonais

Si vous cherchez un authentique souvenir polonais, vous n'aurez que l'embarras du choix à Cracovie. Côté gastronomie, la vodka occupe bien sûr le devant de la scène, à côté des chocolats, miels et confitures, également appétissants. La Pologne est réputée pour sa verrerie et sa céramique, comme les plats, pichets et vases colorés produits à Bolesławiec, dans l'ouest du pays.

De l'ambre à foison

Surnommé l'“or de la Baltique”, l'ambre est une résine fossilisée que l'on trouve généralement sur ses rivages. Une fois taillé et poli, il devient une belle pierre semi-précieuse (photo ; p. 49), pouvant se monter en bague, en collier ou en broche. Cracovie compte de nombreuses boutiques proposant des bijoux en ambre jolis et originaux. Faites le tour des magasins, car les prix varient énormément.

Antiquaires et marchés aux puces

Antiquaires et fripiers (p. 99) sont légion à Cracovie. La Vieille Ville regroupe nombre d'établissements assez haut de gamme, avec des bijoux, montres et accessoires anciens superbement restaurés. Kazimierz invite à parcourir ses articles d'occasion, souvent de peu de valeur... mais vous n'êtes pas à l'abri d'une belle trouvaille !

LERNER VADIM/SHUTTERSTOCK ©

Cadeaux et souvenirs

Kacper Ryx Incroyable collection de souvenirs de Pologne. (p. 74)

Asortyment Shop Paniers, céramiques et autres petits souvenirs fabriqués dans le pays. (p. 99)

Kobalt Pottery & More Assiettes, tasses et vases venus de l'atelier de Bolesławiec. (p. 49)

Schubert World of Amber Ode à toutes les belles créations en ambre. (p. 49)

Design polonais

Szpeje Posters, cartes postales et tasses datant du communisme. (p. 83)

Galeria Plakatu Vieille boutique poussiéreuse cachant des affiches de classiques du cinéma. (p. 74)

Galerie de posters Dydo Remarquables posters. (p. 125)

Paon Nonchalant Vêtements et accessoires féminins en vogue, créés par des designers polonais. (p. 98)

Lookarna Illustrations Cartes postales, posters et marque-pages originaux, dessinés à la main. (p. 99)

Objets anciens et bric-à-brac

Rubin Bijoux anciens, pièces en argent et vieilles montres triés sur le volet. (p. 7)

Salon Antyków Pasja Trois pièces remplies de cartes, de tableaux, d'horloges et de meubles anciens. (p. 74)

Antykwariat na Kazimierzu Bric-à-brac anarchique au sous-sol de la fondation du Judaïsme. (p. 99)

Trésors du marché

Reliques rouillées de la guerre, beaux objets de collection... Les surprises ne manquent pas au marché aux puces du dimanche matin à **Unitarg Hala Targowa** (ul Grzegórzecka 3 ; 7h-15h lun-sam, 7h-midi dim ; 1, 17, 19, 22), dans l'est de Cracovie.

Sites historiques

L'histoire de l'ancienne capitale royale polonaise a des airs de roman d'aventures. Les épisodes sombres où tout semble perdu alternent avec des périodes de grandeur retrouvée.

Capitale royale

Cracovie devint la capitale de la Pologne en 1038, avec pour centre le château royal du Wawel. Incendiée par des pillards tatars en 1241, elle fut reconstruite à son emplacement actuel, autour de la place du marché, et ceinte d'une muraille impénétrable. La ville prospéra ensuite sous le règne de Kazimierz III Wielki (Casimir III le Grand ; 1333-1370).

Relégation et déclin

Le prestige de Cracovie décrut en 1596, lorsqu'elle perdit son statut de capitale en faveur de sa rivale, Varsovie. Les couronnements et les funérailles continuèrent cependant de s'y dérouler. Plusieurs siècles de déclin s'ensuivirent jusqu'au coup de grâce au XIXe siècle, lorsque les occupants autrichiens intégrèrent la ville dans la province de Galicie.

Guerres mondiales et communisme

Après la Première Guerre mondiale, Cracovie connut un nouvel essor. L'occupation allemande y mit fin lors de la Seconde Guerre mondiale, se soldant par l'assassinat de l'élite intellectuelle et l'extermination de dizaines de milliers de Juifs durant la Shoah. Le gouvernement communiste d'après-guerre n'améliora guère le sort de la ville en bâtissant une aciérie hautement polluante à Nowa Huta.

AGSAZ/SHUTTERSTOCK ©

Histoire royale

Château royal du Wawel Centre du pouvoir durant cinq siècles et symbole de l'État polonais. (p. 36)

Collegium Maius Plus ancien bâtiment universitaire du pays et symbole de l'influence de la Pologne. (p. 56)

Halle aux Draps Point focal de la vaste place du marché principal, qui accueillait le commerce des textiles au Moyen Âge. (photo ; p. 62)

Églises

Église Notre-Dame Symbole de la ville, avec ses tours inégales. (p. 52)

Cathédrale du Wawel Lieu de sépulture de monarques et héros polonais, aussi témoin d'innombrables couronnements. (p. 38)

Basilique des Franciscains Superbe église contenant des vitraux Art nouveau. (p. 43)

Musées

Rynek souterrain Le Moyen Âge au XXIe siècle, à grand renfort d'hologrammes et d'expositions audiovisuelles high-tech. (p. 54)

Musée de la Pharmacie L'un des meilleurs musées de son genre, avec pléthore de vieux instruments de laboratoire et d'outils rares. (p. 62)

Musée d'Histoire de Cracovie Musée interactif retraçant l'histoire de la ville, de ses origines à la Première Guerre mondiale. (p. 63)

Vaut le détour

À 12 km au sud-ouest de la ville, l'**abbaye bénédictine Saint-Pierre-et-Saint-Paul** (Opactwo Benedyktynów w Tyńcu ; ☎ 12 688 5452 ; www.opactwotynieckie.pl ; ul Benedyktyńska 37, Tyniec ; gratuit ; 🕒 musée 10h-18h ; 🚌 112) se dresse sur une falaise au-dessus de la Vistule. Pour vous y rendre, prenez le bus n°112, longez le fleuve à vélo ou empruntez en été une navette fluviale au pied du Wawel.

Architecture

L'architecture polonaise a suivi les tendances de l'Europe occidentale au long des siècles. S'il reste peu d'exemples du style roman (XIIe siècle), on voit encore ici de nombreux bâtiments gothiques, Renaissance, baroques ou Art nouveau.

Gothique

Le style gothique, avec ses arcs en ogive et ses voûtes à nervures, apparut au XIVe siècle et s'imposa durant environ 200 ans. Associé au règne prospère du roi Casimir III le Grand (Kazimierz III Wielki), il trouva son expression dans des édifices tels que la cathédrale du Wawel et l'église Notre-Dame.

Renaissance

L'architecture de la Renaissance a pris ses racines en Italie avant de déferler sur l'Europe centrale dans les années 1500. Cette époque coïncide avec l'apogée politique de Cracovie. La halle aux Draps et les cours du château du Wawel sont parmi les meilleurs exemples de ce style dans la ville.

Baroque et néoclassique

Emblématique de l'Église catholique, le baroque éclipsa presque tous les autres styles au XVIIe siècle. Son exubérante ornementation vint s'ajouter aux édifices existants, notamment aux églises.

Art nouveau et réalisme socialiste

Les lignes sinueuses de l'Art nouveau ornent des bâtiments décorés par des artistes locaux comme Józef Mehoffer et Stanisław Wyspiański. Durant l'ère soviétique, quelques décennies plus tard, le quartier de Nowa Huta fut un exemple assez réussi d'architecture du réalisme socialiste.

Gothique

Église Sainte-Catherine
Immense église du XIVe siècle ayant conservé

VILLOREJO/SHUTTERSTOCK ©

ses proportions gothiques d'origine. (p. 81)

Remparts Vestiges de la porte Saint-Florian, du XIVe siècle, ancienne entrée principale de la ville. (p. 64)

Basilique de la Sainte-Trinité Église dominicaine au superbe portail gothique. (p. 62)

Renaissance

Halle aux Draps Harmonie des proportions saisissante au centre de la place du marché principal. (p. 62)

Château du Wawel Cours ornées d'arcades témoignant de la puissance de Cracovie à son apogée. (p. 36)

Baroque

Église Saint-Pierre-et-Saint-Paul Édifice baroque le plus ancien de la ville, orné à l'extérieur de belles statues. (p. 43)

Église Sainte-Anne L'un des plus beaux exemples d'architecture baroque en Pologne. (p. 64)

Art nouveau

Noworolski Café au bel intérieur Art nouveau, signé de l'artiste polonais Józef Mehoffer. (photo ; p. 55)

Palais des Beaux-Arts Bâtiment le plus impressionnant de la Plac Szczepański. (p. 63)

Ère communiste

Forum Przestrzenie Ancien Hotel Forum, datant des années 1970, rénové dans le style rétro. (p. 112)

Arka Pana Église moderne qui fut le premier lieu de culte bâti à Nowa Huta. (p. 135)

Teatr Ludowy Excellent exemple du style du réalisme socialiste des années 1950, très austère. (p. 135)

Curiosité architecturale

Pour admirer l'un des rares vestiges romans à Cracovie, jetez un œil à la façade de l'église Saint-André (p. 44).

Musique

Pôle culturel du sud de la Pologne, Cracovie ravira les amateurs de théâtre, de musique classique et d'opéra. La ville compte certains des plus vieux clubs de jazz du pays, et la présence de milliers d'étudiants assure le succès des discothèques et salles de concert, parfois installées dans des usines et bâtiments industriels reconvertis.

JON AKIRA YAMAMOTO/ CONTRIBUTOR/GETTY IMAGES ©

Musique savante

Les Cracoviens bénéficient d'institutions culturelles de classe mondiale, dont un opéra d'une modernité frappante dans l'est de la ville, et un orchestre philharmonique possédant sa propre salle dans l'ouest. Les concerts ont lieu de l'automne au printemps, tandis que festivals et autres événements musicaux prennent le relais le reste du temps. Le bureau InfoKraków de la Vieille Ville (p. 153) peut vous aider à vous procurer des billets.

Opéra et musique classique

Opera Krakowska Répertoire couvrant toutes les époques au sein d'un bâtiment ultramoderne. (p. 133)

Orchestre philharmonique de Cracovie L'une des meilleures philharmonies du pays. (photo ; p. 124)

Jazz

Harris Piano Jazz Bar Jolie cave au-dessous de la place du marché principal. (p. 71)

Piano Rouge Cave abritant un club-restaurant opulent. (p. 73)

Jazz Club U Muniaka Club de jazz réputé, près de la place du marché principal. (p. 73)

Musique live

Alchemia Concerts toute la semaine à Kazimierz. (p. 96)

Piwnica Pod Baranami Fabuleux pub accueillant certains soirs des spectacles de cabaret, de jazz, et des concerts. (p. 72)

Concerts d'église

De fréquents concerts sont donnés dans l'église Saint-Pierre-et-Saint-Paul (p. 49). Billets en vente à l'entrée et dans les bureaux d'information touristique InfoKraków.

Art

Ancienne capitale d'un pays profondément catholique, Cracovie réunit de nombreux musées et églises où admirer des chefs-d'œuvre d'art sacré remontant à plusieurs siècles. Centre du mouvement Młoda Polska (Jeune Pologne) au début du XXe siècle, la ville s'enorgueillit par ailleurs d'un impressionnant patrimoine Art nouveau.

La Dame à l'hermine

L'œuvre d'art la plus précieuse de Cracovie est *La Dame à l'hermine* (photo), un chef-d'œuvre de Léonard de Vinci. Ce tableau du XVe siècle est l'un des rares portraits féminins du peintre. Volé par les Allemands durant la Seconde Guerre mondiale, il fut plus tard restitué par les Américains. À partir de fin 2019, la toile sera de nouveau visible au nouveau musée Czartoryski (p. 62), fraîchement rénové.

Musées

Musée national Exceptionnelles œuvres modernistes signées d'artistes comme Stanisław Wyspiański. (p. 118)

Palais de l'Évêque Erazm Ciołek Collection émérite de peintures religieuses datant du XIIe au XVIIIe siècle. (p. 44)

Galerie de la Peinture polonaise du XIXe siècle Intéressante salle Chełmoński qui réunit des œuvres réalistes, impressionnistes et symbolistes. (p. 62)

Musée d'Art contemporain de Cracovie Peintures et arts graphiques d'avant-garde, dans un bâtiment mitoyen de l'usine de Schindler. (p. 108)

Galeries

Galeria Sztuki Raven Galerie privée, gérée par une équipe passionnée ; grand nombre de belles peintures modernes. (p. 83)

Galeria Starmach Peintres et sculpteurs polonais contemporains dans une ancienne maison de prière juive. (p. 113)

Galeria Dyląg Galerie privée qui présente des œuvres des années 1940 à 1970. (p. 74)

Galeria Plakatu Galerie regorgeant d'affiches de toutes sortes. (p. 74)

Patrimoine juif

AGSAZ/SHUTTERSTOCK ©

Cracovie, et plus particulièrement Kazimierz, a hébergé pendant des siècles une importante communauté juive. Les déportations et exterminations perpétrées par les Allemands durant la guerre mirent un coup d'arrêt à ce dynamisme culturel. La ville a cependant hérité de cette présence un patrimoine juif qui est le plus riche d'Europe centrale.

Musées

Musée juif de Galicie Musée à la mémoire des victimes de la Shoah, et célébrant l'histoire et la culture juives de Galicie. (p. 78)

Vieille Synagogue Présentation d'objets liturgiques juifs dans un édifice du XVe siècle. (p. 86)

Usine de Schindler Musée interactif sur l'occupation nazie à Cracovie durant la guerre, dans l'ancienne usine d'émail d'Oskar Schindler. (p. 102)

Pharmacie sous l'Aigle Exposition dans une ancienne pharmacie racontant l'histoire du propriétaire, Tadeusz Pankiewicz, qui risqua sa vie pour aider les Cracoviens juifs pendant la Seconde Guerre mondiale. (p. 107)

Synagogues

Haute Synagogue Synagogue bâtie vers 1560, la plus ancienne de la ville après la Vieille Synagogue et la synagogue Remuh. (p. 87)

Synagogue Remuh Plus petite synagogue du quartier de Kazimierz, l'une des deux seules accueillant des services religieux. (p. 88)

Synagogue d'Isaac Plus grande synagogue de Cracovie, achevée en 1644 et aujourd'hui restaurée, présentant une exposition "En mémoire des Juifs polonais". (photo ; p. 89)

Autres sites

Cimetière Remuh Près d'ul Szeroka, à Kazimierz, petit cimetière qui fut sauvé malgré les dégradations infligées par les occupants nazis. (p. 86)

Nouveau cimetière juif Lieu émouvant regroupant quelque 9 000 stèles, qui témoignent de l'ampleur passée du quartier juif. (p. 129)

Littérature juive

La librairie Austeria (p. 98), à Kazimierz, vend des livres en anglais sur la culture juive et la Shoah, des affiches et des CD de musique.

Avec des enfants

Cracovie offre de multiples activités pour les enfants. De plus en plus de restaurants sont équipés d'aires de jeux, et beaucoup proposent des menus spécifiques. L'entrée dans les sites touristiques est à moitié prix pour les moins de 15 ans et gratuite pour les moins de 5 ans. Les jeunes enfants voyagent gratuitement dans les transports publics.

AGNES KANTARUK/SHUTTERSTOCK ©

Apprendre en s'amusant

Musée municipal de Mécanique Quantité de tramways et camions, ainsi que quelques expériences magnétiques ou aquatiques interactives. (photo ; p. 89)

Jardin des sciences Stanisław Lem Expositions en plein air consacrées à l'optique, la mécanique et l'acoustique. (p. 129)

MICET Conception de décors et de costumes proposée aux metteurs en scène et comédiens en herbe. (p. 64)

Activités en plein air

Parc Jordan Nombreuses aires de jeux et une patinoire adaptée aux enfants entre décembre et mars. (p. 118)

Parc Krakowski Parc familial récemment rénové. (p. 118)

Jardin zoologique Jardin fourmillant d'animaux exotiques – éléphants, hippopotames, et une race de cheval rare. (p. 119)

Pour les jours de pluie

Rynek souterrain Hologrammes et artifices audiovisuels éblouissants. (p. 54)

History Land Nec plus ultra de la réalité virtuelle, et expositions en LEGO pour les plus jeunes. (p. 130)

Park Wodny Parc aquatique doté de piscines, toboggans, saunas et bains chauds... plaisant pour les parents aussi ! (p. 131)

À savoir

- Procurez-vous la brochure *Kids in Kraków* (www.kidsinkrakow.pl), très pratique, dans les offices du tourisme InfoKraków.
- Des tables à langer sont à disposition dans les musées récents et les centres commerciaux tels que la Galeria Krakowska (p. 133), près de la gare ferroviaire.

Fêtes et festivals

Cracovie est l'une des villes de Pologne les plus riches en festivals. En été, les manifestations se succèdent sans interruption, au point que même les habitants finissent par trouver une telle abondance excessive. Les bureaux de l'office du tourisme InfoKraków et le site Internet du Kraków Festival Guide (www.krakowfestival.com) vous renseigneront sur les différents événements.

NURPHOTO/CONTRIBUTOR/GETTY IMAGES ©

Musique

Shanties (Festival international de chants de marins ; www.shanties.pl ; ⌚fév). Nombreux bars et salles de la ville investis de la clameur de ces chants.

Unsound (www.unsound.pl ; ⌚oct). Semaine de musique expérimentale, d'installations et d'arts visuels.

Wianki (www.wianki.krakow.pl ; ⌚juin). En été, soirée endiablée en plein air, sur les berges de la Vistule.

Événements religieux et culturels

Juwenalia (www.juwenalia.krakow.pl ; ⌚mai). Carnaval annuel durant lequel les étudiants reçoivent symboliquement les clés de la ville.

Festival de la Culture juive (www.jewishfestival.pl ; ⌚fin juin-déb juil ; photo). Art, culture, théâtre, musique et cinéma juifs.

Concours de Crèches de Cracovie (szopki.eu ; ⌚déc). Concours annuel de la plus belle crèche sur la place du marché principal.

Défilé du Lajkonik (www.mhk.pl ; ⌚mai ou juin). Procession de printemps bigarrée conduite par le Lajkonik, personnage comique déguisé en Tatar.

Théâtre et cinéma

Festival de la Musique de film (www.fmf.fm ; ⌚mai). Festival annuel consacré aux bandes-son et musiques de film.

Festival du Film de Cracovie (www.kff.com.pl ; ⌚fin mai-déb juin). Projection de centaines de films internationaux.

Festival international de Théâtre de rue (www.teatrkto.pl ; ⌚juil). Spectacles, cirque, danse et musique dans la Vieille Ville.

Littérature

Miłosz Festival (www.miloszfestival.pl ; ⌚juin). En l'honneur de feu le poète polonais et Prix Nobel Czesław Miłosz.

Conrad Festival (www.conradfestival.pl ; ⌚oct). Fête littéraire internationale inspirée (entre autres) par l'œuvre de l'écrivain d'origine polonaise Joseph Conrad.

Circuits organisés

De nombreux prestataires encadrent des visites guidées de la ville ou de certains quartiers. Elles se font généralement à pied, mais les circuits en bus, à vélo ou en voiturette de golf sont courants. Une visite guidée tombe sous le sens pour une excursion d'une journée, par exemple à la mine de sel de Wieliczka : le prestataire se chargera du trajet et de l'achat des billets.

SANTI RODRIGUEZ/SHUTTERSTOCK ©

Circuits touristiques généralistes

Cracow City Tours-Plac Matejki Visites à pied ou en bus, notamment une excursion de 4 heures en bus à travers la ville, et des visites plus longues de la mine de sel de Wieliczka et d'Auschwitz-Birkenau. (p. 120)

SeeKrakow Plus important tour-opérateur de Cracovie, avec un étonnant éventail de circuits, incluant l'usine de Schindler et le Rynek souterrain. (p. 131)

WowKrakow! Bus à succès proposant aux passagers de visiter à loisir près de 15 sites d'intérêt de la ville. (p. 130)

Visites à pied

Free Walking Tour Visites à pied gratuites, avec des guides rémunérés au pourboire. Circuits dans la Vieille Ville à raison de quatre départs par jour entre mars et octobre (horaires réduits de novembre à février). (p. 65)

Tournée des bars de Cracovie Circuit classique enchaînant quatre lieux au départ de la place du marché principal, devant la statue d'Adam Mickiewicz. (p. 66)

Cracovia Walking Tours Promenades à pied de 2 heures dans la Vieille Ville, encadrées par des guides agréés. (p. 65)

Excursions à thème

Cool Tour Company Virée en deux-roues dans Cracovie durant 4 heures ; départs à 10h et 15h entre mai et septembre. (p. 65)

Jarden Tourist Agency Découverte du patrimoine, surtout juif, avec des circuits à pied de 2 ou 3 heures à Kazimierz et Podgórze. (p. 90)

Photo : église Notre-Dame (p. 52), Vieille Ville

Cracovie en 4 jours

Jour 1

TRABANTOS/SHUTTERSTOCK ©

Partez de la **place du marché principal** (p. 59), en la contemplant du haut du **beffroi de l'hôtel de ville** (p. 41) ou enfoncez-vous dans le **Rynek souterrain** (p. 54). Écumez la **halle aux Draps** (p. 62) et écoutez l'appel du clairon à l'**église Notre-Dame** (p. 52).

Après un déjeuner à **Hawełka** (p. 68), faites halte au **musée de la Pharmacie** (p. 62) et au **musée Czartoryski** (p. 62) pour admirer *La Dame à l'hermine* de De Vinci. Puis pénétrez dans le **Collegium Maius** (photo ; p. 56), où étudia Copernic.

Dînez dans la Vieille Ville, au **Cyrano de Bergerac** (p. 66) ou au **Wentzl** (p. 67). Ensuite, rendez-vous au **Harris Piano Jazz Bar** (p. 71), ou prenez un verre au **Pauza** (p. 71) ou au **Spokój** (p. 70).

Jour 2

JAROSLAV MORAVCIK/SHUTTERSTOCK ©

Partez tôt pour visiter le **château royal du Wawel** (p. 36). Après avoir exploré les appartements royaux, découvrez la **cathédrale du Wawel** (photo ; p. 38). Puis passez admirer les vitraux de la **basilique des Franciscains** (p. 43).

Prenez votre repas au **Miód Malina** (p. 46) ou au **Restauracja Pod Baranem** (p. 91), puis gagnez **Kazimierz** à pied. Jetez un œil aux anciens lieux de culte que sont la **Haute Synagogue** (p. 87) et la **Vieille Synagogue** (p. 86), et ne manquez pas le **Musée juif de Galicie** (p. 78).

Dînez au **Dawno Temu na Kazimierzu** (p. 91), puis divertissez-vous autour d'un verre au **Mleczarnia** (p. 96) ou au **Hevre** (p. 95).

Jour 3

ALEXEY PEVNEV/SHUTTERSTOCK ©

Rendez-vous à l'**usine de Schindler** (photo ; p. 102) pour une leçon d'histoire. Les amateurs d'art raffoleront du **musée d'Art contemporain de Cracovie** (p. 108). La **pharmacie sous l'Aigle** (p. 107), à côté, mérite d'être vue.

Déjeunez au **ZaKładka Bistro** (p. 109) avant une après-midi à l'ouest de la Vieille Ville. Parcourez le **Musée national** (p. 118), ou découvrez la peinture sur verre à l'**atelier et musée du Vitrail** (p. 118). Poussez ensuite jusqu'au **tertre de Kościuszko** (p. 118).

Cap sur le complexe Tytano et ses discothèques tendance pour vous restaurer au **Veganic** (p. 121), une bonne adresse. Ralliez ensuite le **Weźże Krafta** (p. 123) pour une bière, ou la piste du **Scena54** (p. 123).

Jour 4

KANUMAN/GETTY IMAGES ©

Le dernier jour, un choix s'impose à vous entre le **mémorial et musée d'Auschwitz-Birkenau** (p. 136) et la **mine de sel de Wieliczka** (photo ; p. 140). Si vous partez tôt, vous pourrez visiter la mine avant midi et passer le reste de la journée à Cracovie.

Beaucoup de bus touristiques de Wieliczka vous déposent au **Glonojad** (p. 121), excellent pour déjeuner. Prenez ensuite le tramway jusqu'au quartier ouvrier de Nowa Huta, où sont notamment à voir des exemples d'architecture du réalisme socialiste des années 1950 et le **musée de Nowa Huta** (p. 135).

Le soir, faites des folies à l'**Art Restauracja** (p. 45) ou au **Pod Aniołami** (p. 46), allez flâner au **Planty** (p. 72) puis terminez au **Bunkier Cafe** (p. 69).

Les basiques

Pour plus d'informations, voir le Carnet pratique (p. 142)

Monnaie
Złoty (zł)

Langue
Polonais

Formalités
Aucun visa n'est requis et la durée du séjour est illimitée pour les Européens. Pour les ressortissants d'autres pays, le visa de touriste est inutile pour un séjour inférieur à 3 mois.

Argent
DAB omniprésents ; CB généralement acceptées et souvent préférées au liquide.

Téléphone portable
Des cartes SIM bon marché permettent d'utiliser les réseaux GSM et 4G.

Heure locale
(GMT/UTC +1)
Pas de décalage avec la France.

Pourboire
Dans les restaurants et cafés, arrondissez à 5-10 zł près, ou comptez 10% du total.

Budget quotidien

Moins de 250 zł

Dortoir : 45-90 zł

Courses dans un supermarché : 50-70 zł

Harengs et shot de vodka : 15-20 zł

De 250 à 650 zł

Double en hôtel de catégorie moyenne : 300-450 zł

Dîner avec entrée et vin : 110-130 zł

Entrée au musée : 20 zł

Plus de 650 zł

Double en hôtel de luxe : 500-800 zł

Menu quatre plats dans un bon restaurant : 265 zł

Siège très bien placé à l'opéra : 200 zł

À prévoir

Trois mois avant Réservez votre hôtel, surtout si vous voyagez pendant l'été, les vacances de Pâques ou de Noël.

Un mois avant Achetez en ligne vos billets pour les sites fréquentés, comme le château du Wawel (photo page ci-contre), l'usine de Schindler et le Rynek souterrain. Consultez le Karnet Kraków (www.karnet.krakow.pl) pour connaître les manifestations programmées.

Une semaine avant Organisez votre visite de la mine de sel de Wieliczka. Réservez auprès des meilleurs restaurants.

Arriver à Cracovie

La plupart des visiteurs arrivent à l'aéroport international, à la gare ferroviaire principale (Kraków Główny) ou à la gare routière.

Aéroport international Jean-Paul-II de Cracovie

Environ 30 minutes en voiture à l'ouest de la Vieille Ville.

Train Les trains Special Airport (9 zł) rallient la gare ferroviaire principale de Cracovie.

Bus Le bus urbain n°208 (4,60 zł) se rend à la gare routière de Cracovie.

Taxi Un taxi pour le centre coûte 70-90 zł. Comptez 30 minutes de trajet.

Gares ferroviaire et routière principales

Les deux gares sont côte à côte, à 10 minutes à pied au nord de la Vieille Ville.

Tramway À l'extérieur de la gare ferroviaire. Pratique pour rejoindre Kazimierz et Podgórze.

Taxi Généralement le plus pratique pour rallier votre hôtel en arrivant.

Comment circuler

Le centre étant compact, la marche est le meilleur moyen de se déplacer dans la Vieille Ville et d'accéder à la colline du Wawel.

Tramway

En centre-ville, le réseau est dense et le tramway est une bonne solution pour se déplacer entre la Vieille Ville, Kazimierz et Podgórze.

Bus

Le bus, plutôt destiné aux travailleurs, reste le meilleur moyen d'accéder à quelques sites.

Vélo

Les cyclistes évoluent dans un trafic dense, mais le réseau de pistes cyclables continue de s'étendre.

Taxi

Le taxi est pratique pour les transferts avec l'aéroport ou pour rejoindre votre hôtel tard le soir.

Les quartiers de Cracovie

Vieille Ville (p. 50)

Cœur de Cracovie depuis les invasions tatares du XIIIe siècle, la Vieille Ville et sa gracieuse place du marché principal (Rynek Główny) sont riches en édifices et monuments historiques.

Colline du Wawel et ses environs (p. 34)

La colline du Wawel, au sud de la Vieille Ville, est la gardienne millénaire de l'histoire polonaise. Le château servit de résidence royale dès la création de l'État polonais.

Aéroport international Jean-Paul-II (12,5 km) ←

Ouest de Cracovie (p. 114)

Le secteur prospère et collet monté de la ville, avec ses rues ordonnées, bordées de maisons bien entretenues du XIXe et du début du XXe siècle.

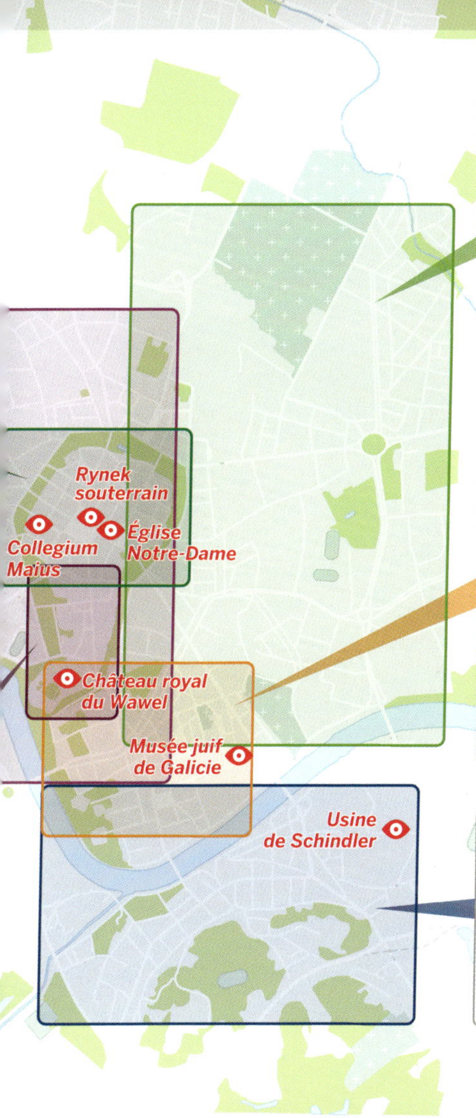

Est de Cracovie (p. 126)
L'est de la ville vit à un rythme différent. Ici, Cracovie se défait de son atmosphère médiévale et féerique pour se mettre au diapason de la vie active.

Kazimierz (p. 76)
Ville indépendante pendant sept cents ans, Kazimierz présente deux facettes : ce quartier rassemble les plus importants sites du patrimoine juif de Cracovie, mais aussi ses cafés, restaurants et discothèques les plus courus.

Podgórze (p. 100)
Podgórze joua un rôle particulier durant la guerre : les nazis y créèrent un ghetto où ils rassemblèrent 16 000 Juifs avant de les expédier dans les camps.

Explorer Cracovie

Excursions

Promenades à pied

Place du marché principal (p. 59) MARTIN-DM/GETTY IMAGES ©

Explorer

Colline du Wawel et ses environs

Véritable symbole de la nation, la colline du Wawel, au sud de la Vieille Ville, est la gardienne millénaire de l'histoire polonaise. C'est dans le château coiffant son sommet que siégèrent les souverains dès les premiers jours, et qu'eurent lieu les célébrations et cérémonies les plus solennelles. De nombreux monarques polonais reposent sous la cathédrale du Wawel.

Notre sélection

- ***Château royal du Wawel (p. 36)***. *Arpentez les somptueuses salles et résidences royales.*
- ***Cathédrale du Wawel (p. 38)***. *Découvrez cette splendide église, principal lieu de couronnement et de funérailles des monarques polonais.*
- ***Église Saint-Pierre-et-Saint-Paul (p. 43)***. *Appréciez le contraste entre la façade baroque travaillée et l'intérieur sobre.*
- ***Basilique des Franciscains (p. 43)***. *Admirez l'avalanche de joyeux vitraux Art nouveau.*
- ***Palais de l'Évêque Erazm Ciołek (p. 44)***. *La visite vous révélera la beauté simple des premières œuvres chrétiennes à Cracovie (XIIe et XIIIe siècles).*

Comment y aller et circuler

Les lignes n^{os}6, 8, 10, 13 et 18 s'arrêtent près du château.

Les lignes n^{os}1, 6, 8, 13 et 18 traversent la Vieille Ville jusqu'à ul Grodzka.

Plan du quartier p. 42

Vue sur Cracovie jusqu'au château du Wawel (p. 36)

Les incontournables

Château royal du Wawel

L'ascension de la colline du Wawel, ancien siège de la monarchie polonaise, est un passage obligé de tout séjour à Cracovie. Vous ne regretterez pas vos efforts, même si vous n'avez pas l'intention de visiter les sites payants. L'accès aux jardins est gratuit, et l'atmosphère exubérante (souvent emplie de rires d'écoliers), l'architecture et la magnificence des lieux vous impressionneront.

PLAN P. 42, B5

Zamek Królewski na Wawelu

wawel.krakow.pl

Colline du Wawel

6, 8, 10, 13, 18

Salles royales

La vingtaine de **salles royales** (Komnaty Królewskie) du château du Wawel vous éblouira à coup sûr. Restaurées dans leur style Renaissance et baroque d'origine, elles regorgent de meubles d'époque et d'œuvres d'art. La salle des Sénateurs (Sala Senatorska) arbore de magnifiques tapisseries d'Arras datant du XVIe siècle, figurant Adam et Ève, Caïn et Abel, ou Noé (la présentation change régulièrement). La salle des Députés (Sala Poselska) se distingue par son plafond à caissons orné de 30 têtes sculptées et peintes à la main.

Appartements royaux

Une visite des **appartements royaux** (Apartamenty Królewskie) vous donnera un aperçu du train de vie des souverains polonais au XVIe siècle. Les murs sont ornés de magnifiques tapisseries anciennes, françaises et flamandes pour la plupart. Ne manquez pas la chapelle de la souveraine Jadwiga, véritable petit bijou niché dans la tour nord-est, ainsi que le somptueux mobilier provenant de Gdańsk de la salle d'Alchimie.

Trésor et armurerie de la Couronne

Le **trésor de la Couronne** (Skarbiec Koronny) et l'**armurerie** (Zbrojownia) sont situés dans des salles gothiques voûtées, vestiges de l'ancien château du XIVe siècle. L'objet le plus célèbre du trésor est la *Szczerbiec* ("épée ébréchée") du XIIIe siècle, utilisée lors du couronnement des souverains polonais dès 1320. L'armurerie comprend une collection d'armes anciennes de plusieurs époques, notamment des arbalètes, des épées, des lances et des hallebardes.

"Wawel disparu"

L'**exposition "Wawel Zaginiony"**, hébergée dans les cuisines royales, présente les plus

★ À savoir

- Les accès aux sites du château du Wawel sont à réserver et à payer séparément.
- Ne vous sentez pas obligé de tout voir ; choisissez plutôt un ou deux sites dont vous profiterez pleinement.
- Le personnel du **centre d'accueil des visiteurs** (plan p. 42, A5 ; ✆ guides 12 422 1697, infos 12 422 5155 ; ⏲ 9h-20h mai-août, 9h-19h avr et sept, 9h-18h mars et oct, 9h-17h nov-fév ; wifi), débordé mais poli, vous sera d'une grande aide pour planifier votre découverte du site, et réserver visites guidées ainsi que billets.
- La plupart des sites font l'objet d'une visite guidée, qu'il faut réserver.

✕ Une petite pause ?

Vous trouverez un café dans le centre d'accueil des visiteurs. Pour vous restaurer à proximité de l'entrée du château, essayez le restaurant Miód Malina (p. 46).

anciens trésors du château, notamment les vestiges de la rotonde de Saint-Félix-et-Saint-Audacte (Rotunda Św Feliksa i Adaukta), supposée être la plus vieille église de Pologne (fin du Xe siècle). On y découvre également des trouvailles archéologiques et des maquettes des anciennes églises du Wawel.

Cathédrale du Wawel

La splendide **cathédrale** (plan p. 42, B5 ; Katedra Wawelska ; ☎ 12 429 9515 ; www.katedra-wawelska.pl ; gratuit ; 🕘 9h-17h lun-sam, 12h30-17h dim avr-oct, 9h30-16h nov-mars) fut le lieu d'innombrables couronnements et funérailles de souverains et personnages illustres polonais, dont c'est désormais la dernière demeure. À ne pas manquer : la chapelle Sainte-Croix (Kaplica Świetokrzyska), la chapelle Sigismond (Kaplica Zygmuntowska), la cloche de Sigismond et les cryptes royales, où reposent nombre de monarques et personnages polonais.

Musée de la Cathédrale

En face de la cathédrale se trouve son **musée** (plan p. 42, A5 ; Muzeum Katedralne ; ☎ 12 429 9515 ; www.katedra-wawelska.pl ; tarif plein/réduit 12/7 zł ; 🕘 9h-17h lun-sam), qui recèle des trésors historiques et liturgiques. Les nombreuses collections renferment des orfèvreries ecclésiastiques et des objets funéraires royaux, mais pas une seule couronne. Elles auraient été dérobées du trésor en 1795 par les Prussiens, qui les auraient ensuite fait fondre.

Chapelle Sainte-Croix, cathédrale du Wawel

Siège des monarques polonais

Les édifices de la colline du Wawel comptent parmi les plus beaux exemples de l'architecture polonaise.

Premiers siècles

Un château royal se dresse sur la colline depuis près de 1000 ans. Les premières structures notables, dont la construction fut lancée par Bolesław I Chrobry, remontent au XIe siècle. La modeste résidence de ce dernier fut remaniée au XIVe siècle dans le style gothique, mais la majeure partie du château fut détruite par un incendie en 1499. Peu après, le roi Zygmunt I Stary (Sigismond Ier le Vieux) ordonna l'édification d'un nouveau bâtiment de style Renaissance.

Fin des temps royaux

Quand Varsovie devint capitale de la Pologne à la fin du XVIe siècle, les bâtiments du Wawel perdirent quelque peu leur raison d'être, même si les couronnements et autres cérémonies continuèrent de s'y tenir. Au cours des XVIIe et XVIIIe siècles, ils furent plusieurs fois pillés par des armées prussiennes et suédoises. Au XIXe siècle, le château subit l'occupation autrichienne.

Wawel après l'indépendance

Lorsque Cracovie fut intégrée à la nouvelle Pologne après la Première Guerre mondiale, le Wawel devint la résidence du président polonais. Durant la Seconde Guerre mondiale, le Wawel assura à nouveau son rôle historique, avec bien plus de réticence. Cracovie était alors la capitale d'un pays occupé par les Allemands, et le gouverneur général nazi Hans Frank avait établi sa résidence au Wawel.

Grotte du Dragon

Concluez votre exploration par la visite de la **grotte du Dragon** (Smocza Jama). L'antre du légendaire cracheur de feu du Wawel (p. 45) est également l'une des issues permettant de redescendre aisément de la colline. L'entrée de la grotte se trouve à côté de la tour des Voleurs (Baszta Złodziejska), à l'extrémité sud-ouest de l'ensemble. Elle offre un joli point de vue panoramique sur la Vistule et les faubourgs ouest.

Musée d'Art oriental

Le **musée d'Art oriental** (Muzeum Sztuka Wschodu) présente une collection de drapeaux et d'armes turcs datant du XVIIe siècle, butin de la bataille de Vienne, des tapis persans, et des céramiques chinoises et japonaises, entre autres objets asiatiques anciens.

Promenade à pied

Voie royale

Cet itinéraire, qui inclut nombre de sites phares de Cracovie, suit celui des rois et des reines de Pologne qui se rendaient jadis à leur couronnement. On y rend hommage aux grandes curiosités selon un parcours assez logique : de la Vieille Ville, la voie sinue jusqu'à la colline du Wawel.

La promenade

Départ Porte Saint-Florian

Arrivée Château royal du Wawel

Distance 2 km

Durée 2 heures

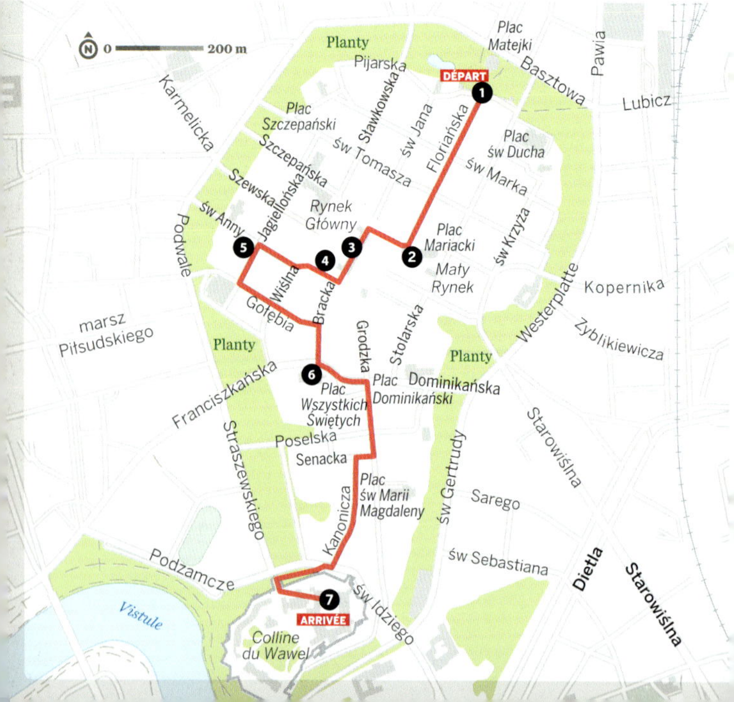

❶ Grande porte de Cracovie

Partez de la **porte Saint-Florian** (plan p. 60, F2 ;Brama Floriańska ; www.muzeumkrakowa.pl ; ul Floriańska ; 10h30-18h avr-oct ; tarif plein/réduit 9/7 zł ; 2, 4, 14, 18, 20, 24, 44), un charmant passage en pierre bâti autour de 1300. Des huit portes de la ville, celle-ci (autrefois la principale) est la dernière encore debout.

❷ Église Notre-Dame

Descendez la très animée ul Floriańska. Sur la place du marché principal, les deux flèches de l'église Notre-Dame (p. 52) s'élèvent à votre gauche. À chaque heure pile, vous entendrez le clairon résonner du haut de la plus grande tour.

❸ Perfection façon Renaissance

Trônant au centre de la place, la halle aux Draps (p. 62) est une œuvre de style Renaissance à deux niveaux. Très passante, elle est destinée à de nombreux usages, et sert notamment d'entrée au Rynek souterrain.

❹ Tour sans son hôtel

Juste à côté, le **beffroi de l'hôtel de ville** (plan p. 60, D4 ; Wieża Ratuszowa ; 12 426 4334 ; www.muzeumkrakowa.pl ; Rynek Główny 1 ; tarif plein/réduit 10/8 zł ; 10h30-18h avr-oct ; 1, 6, 8, 13, 18) évoque le magnifique édifice du XVe siècle qui devait se tenir ici avant son démantèlement au XIXe siècle, sous l'occupation autrichienne. Le portail gothique d'origine est toujours visible.

❺ Foyer de connaissances séculaire

Le Collegium Maius (p. 56) fut le premier siège de l'université de Jagellonne, la deuxième d'Europe centrale. Dans la cour, vous pourrez admirer les portails gothiques d'origine et la célèbre horloge.

❻ Merveilles Art nouveau

Joyau gothique du XIIIe siècle, la basilique des Franciscains (p. 43) est très populaire grâce aux superbes vitraux de Stanisław Wyspiański, un maître de l'Art nouveau. Au-dessus de l'entrée, le plus réputé représente Dieu pendant la Création.

❼ Retour du roi

Poursuivez vers le sud *via* ul Grodzka, dernière étape de la voie royale. Au niveau d'ul Senacka, prenez la charmante ul Kanonicza, toujours vers le sud. Elle vous mènera au pied du château royal du Wawel (p. 36).

Nos adresses
Les incontournables p. 36
Voir p. 43
Se restaurer p. 45
Prendre un verre p. 48
Sortir p. 49
Shopping p. 49
A
B
C
D
1
2
3
4
5
6
0
100 m
Franciszkańska
Basilique des Franciscains
2
Plac Wszystkich Świętych
Plac Dominikański
Dominikańska
21
15
VIEILLE VILLE
Grodzka
23
12
17
14
10
Poselska
11
5
Musée d'Archéologie
Senacka
13
18
19
20
Tratowska
Planty
Kanonicza
Église Saint-Pierre-et-Saint-Paul
1
22
4
Église Saint-André
9
Palais de l'Évêque Erazm Ciołek
3
6
Musée de l'Archevêché
KLEPARZ
Straszewskiego
25
24
Podzamcze
św Idziego
7
Musée d'Art oriental
Cathédrale du Wawel
Trésor et armurerie de la Couronne
Musée de la Cathédrale du Wawel
Château royal du Wawel
Appartements royaux
Salles royales
św Gertrudy
Colline du Wawel
"Wawel disparu"
Droga do Zamku
Stradomska
Grotte du Dragon
Bernardyńska
KAZIMIERZ
16
Centre d'accueil des visiteurs
8
Vist

Voir

Église Saint-Pierre-et-Saint-Paul

ÉGLISE

1 PLAN P. 42, D3

Premier bâtiment de style gothique à Cracovie, cette église fut bâtie par les jésuites après leur arrivée dans la ville, en 1583, pour combattre la Réforme. Élevée sur un plan en croix latine et surmontée d'un vaste dôme percé de lucarnes, elle présente un intérieur d'une sobriété rafraîchissante, à l'exception de la voûte ornée de belles moulures. Concerts les soirs de semaine (p. 49). (Kościół Św Piotra i Pawła ; 12 350 6365 ; apostolowie.pl ; ul Grodzka 52a ; 9h-17h mar-sam, 13h30-17h dim ; 6, 8, 10, 13, 18)

Basilique des Franciscains

ÉGLISE

2 PLAN P. 42, B1

Par une journée ensoleillée, entrez dans cette église afin d'en admirer les fantastiques vitraux Art nouveau, œuvres de Stanisław Wyspiański. La divinité multicolore du chœur, au-dessus de l'orgue, est un véritable chef-d'œuvre. Depuis le transept, vous pouvez également accéder au cloître gothique du monastère franciscain pour contempler des vestiges de fresques du XVe siècle. L'accès est refusé aux touristes durant la messe. (Bazylika Św Franciszka ; 12 422 5376 ; franciszkanska.pl ; Plac Wszystkich Świętych 5 ; 10h-16h lun-sam, 13h-16h dim ; 1, 6, 8, 13, 18)

Basilique des Franciscains

DAVID CLAPP/GETTY IMAGES ©

Palais de l'Évêque Erazm Ciołek

MUSÉE

3 PLAN P. 42, C3

Ce palais empli de sculptures et de tableaux anciens se niche dans la pittoresque et médiévale ul Kanonicza. Annexe du Musée national, il présente deux expositions permanentes d'art sacré. La première réunit des œuvres polonaises datant du XIIe au XVIIIe siècle : tableaux et retables gothiques, sculpture de Veit Stoss. La seconde est consacrée à l'art orthodoxe. (Pałac Biskupa Erazma Ciołka ; 12 433 5920 ; mnk.pl ; ul Kanonicza 17 ; tarif plein/réduit 10/5 zł ; 9h-16h mar-ven, 10h-18h sam, 10h-16h dim ; 6, 8, 10, 13, 18)

Église Saint-André

ÉGLISE

4 PLAN P. 42, D3

Cette église est vieille de presque un millénaire. Bâtie vers la fin du XIe siècle, son austère façade en pierre de style roman a été en grande partie préservée. On change cependant radicalement d'univers sitôt le seuil franchi ; l'intérieur fut en effet entièrement remanié dans le style baroque au XVIIIe siècle. (Kościół Św Andrzeja ; 12 422 1612 ; ul Grodzka 54 ; 8h-18h lun-ven ; 6, 8, 10, 13, 18)

Musée d'Archéologie

MUSÉE

5 PLAN P. 42, B2

Pour tout savoir sur l'histoire de la région de la Małopolska (Petite-Pologne) du paléolithique au début du Moyen Âge, vous êtes au bon endroit. La captivante section d'objets de l'Égypte ancienne comprend quant à elle des momies humaines et animales, et plus de 4 000 pièces de monnaie du IXe siècle. Pour finir, les ravissants jardins invitent à la promenade. (Muzeum Archeologiczne ; 12 422 7560 ; ma.krakow.pl ; ul Poselska 3 ; tarif plein/réduit 12/7 zł, gratuit dim ; 9h-15h lun, mer et ven, 9h-18h mar et jeu, 11h-16h dim ; 1, 6, 8, 13, 18)

Musée de l'Archevêché

MUSÉE

6 PLAN P. 42, C4

Cette maison de ville du XIVe siècle abrite une collection de sculptures et de peintures sacrées remontant aux XIIIe et XVIe siècles. On peut également visiter la pièce où Karol Wojtyła (le défunt pape Jean Paul II) vécut de 1958 à 1967. La reconstitution expose ses meubles et ses affaires personnelles, y compris sa paire de skis, ainsi que les nombreux cadeaux qu'il reçut. (Muzeum Archidiecezjalne ; 12 421 8963 ; archimuzeum.pl ; ul Kanonicza 19-21 ; tarif plein/réduit 10/6 zł ; 10h-17h mar-dim ; 6, 8, 10, 13, 18)

Ster

CROISIÈRE

7 PLAN P. 42, A4

Embarquez pour une croisière fluviale d'une heure parmi les monuments de Cracovie, ou de cinq heures vers l'abbaye bénédictine de Tyniec (p. 17), à bord du *Peter Pan* ou du *Sobieski*. La seconde excursion inclut une halte d'une heure à l'abbaye avant le trajet retour. Réservation en ligne

Smok, le terrible dragon

Le château du Wawel sert de cadre aux plus vieilles légendes de la ville. L'une d'elles, au moins, mentionne un dragon cracheur de feu. Il y a longtemps, sous le règne du prince Krak, la terrible créature du nom de Smok vivait dans une grotte sous la colline du Wawel (p. 39). Soufflant le feu, elle faisait des ravages parmi la population et le bétail. Les belles jeunes filles vierges étaient son plat favori.

Le prince Krak, craignant pour la vie de sa fille Wanda, offrit la main de la princesse à quiconque tuerait le dragon. De nombreux prétendants tentèrent leur chance mais y perdirent la vie. Un jour, un jeune cordonnier sans le sou se présenta avec un stratagème pour piéger le dragon. Il farcit un mouton avec du soufre et le déposa devant la tanière du dragon, qui ne put résister et le dévora, avant de se précipiter vers la Vistule pour étancher son inextinguible soif. Il but toute l'eau du fleuve, et son ventre se gonfla jusqu'à éclater. Le dragon vaincu, l'héroïque cordonnier put épouser Wanda.

ou par téléphone. Le départ se fait non loin du pont de Dębnicki, au pied de l'hôtel Sheraton Kraków. Accès par l'ul Zwierzyniecka. (601 560 250 ; www.rejsykrakow.com ; croisière 1 heure tarif plein/réduit 40/30 zł, 5 heures 85/70 zł ; 10h-18h mai-oct ; ; 1, 2, 6)

Statek Nimfa

CROISIÈRE

8 PLAN P. 42, A6

Partant du quai situé en contrebas du château du Wawel, le *Nimfa* vogue sur la Vistule au fil de sites tels que le tertre de Kościuszko, la Skałka et la Plac Bohaterów Getta. Vous verrez aussi de près les six ponts de la ville. Le circuit de quatre heures poursuit jusqu'à Tyniec. Réservez sur Internet ou par téléphone. (12 422 0855 ; www.statekkrakow.com ; quai du Wawel ; croisière 1 heure tarif plein/réduit 40/30 zł, 4 heures 85/70 zł ; 10h-18h mai-oct ; ; 6, 8, 10, 13, 18)

Se restaurer

Art Restauracja

POLONAIS €€€

9 PLAN P. 42, C3

Le restaurant le plus ambitieux de cette partie de Cracovie offre un service très chic. Les plats mettent à l'honneur les produits frais de fermes locales, mâtinés de touches inhabituelles, comme la selle d'agneau servie avec une confiture de poivron rouge. S'il fait beau, réservez une table en terrasse. Menu déjeuner au bon rapport qualité/prix (69 zł). (537 872 193 ; artrestauracja.com ; ul Kanonicza 15 ; plats 60-90 zł, menu dégustation 7/9 plats 239/289 zł ; 13h-22h ; ; 6, 8, 10, 13, 18)

Czarna Kaczka

POLONAIS €€€

10 PLAN P. 42, D2

Des *pierogi* à la soupe aux boulettes, en passant par l'animal rôti entier (pour deux), cette adresse gastronomique sert une viande de canard venue spécialement de Poznań. Brisez la glace avec la dégustation de vodka et ses trois plats (à partir de 14 zł). (The Black Duck ; 12 426 5440 ; www.facebook.com/CzarnaKaczka ; ul Poselska 22 ; plats 45-90 zł ; midi-23h ; ; 1, 6, 8, 13, 18)

Miód Malina

POLONAIS €€€

11 PLAN P. 42, C2

Le "Framboise au miel" est un lieu charmant et coloré, idéal pour déguster une cuisine polonaise de premier choix. Commandez des champignons à la crème, puis un plat de veau ou de canard. Le menu propose également un large choix de steaks de bœuf. L'entrée au fromage de chèvre accompagné de gelée d'airelles est une spécialité régionale. Réservation conseillée. (12 430 0411 ; www.miodmalina.pl ; ul Grodzka 40 ; plats 40-80 zł ; midi-23h ; ; 1, 6, 8, 13, 18)

Pod Aniołami

POLONAIS €€€

12 PLAN P. 42, C2

Imposant mobilier de bois, murs de pierre, tapisseries élimées, viandes rôties au-dessus d'un feu de hêtre : ce restaurant du vieux Cracovie aménagé dans une cave gothique du XIIIe siècle vous transportera au Moyen Âge. Nous recommandons le steak de sanglier sauvage mariné aux

Pod Aniołami

baies de genièvre. (☎12 421 3999 ; www.podaniolami.pl ; ul Grodzka 35 ; plats 45-80 zł ; 13h-minuit ; ; 1, 6, 8, 13, 18)

Bar Grodzki

POLONAIS €

13 PLAN P. 42, C2

Un délicieux *bar mleczny* (bar à lait) familial, un cran au-dessus de la cafétéria standard. Faites la queue au buffet vapeur pour passer commande. Nous avons retenu une sélection de crudités, des plats polonais classiques comme le chou farci, et de délicieuses *kompot* (compotes ou jus de fruits). (☎12 422 6807 ; www.grodzkibar.zaprasza.net ; ul Grodzka 47/4 ; plats 10-20 zł ; 9h-19h lun-sam, 10h-19h dim ; ; 1, 6, 8, 13, 18)

Corse

MÉDITERRANÉEN €€

14 PLAN P. 42, D2

Corse comme son nom l'indique, ce restaurant est l'une des rencontres culinaires les plus surprenantes de Cracovie. Avec la voile de toile blanche suspendue au plafond, le décor maritime est raffiné mais chaleureux, et les plats (bar rôti, magret de canard, gigot d'agneau) sont savoureux. (☎12 421 6273 ; corserestaurant.pl ; ul Poselska 24 ; plats 40-70 zł ; 13h-23h ; ; 1, 6, 8, 13, 18)

Smak Ukraiński

UKRAINIEN €

15 PLAN P. 42, C1

Surplombant l'une des artères piétonnes les plus passantes de la ville, cette oasis rustique présente une cuisine ukrainienne authentique dans une salle cosy, à la charmante déco bucolique. Le personnel en gilet vous proposera de nombreux raviolis et bortchs ukrainiens. (☎12 421 9294 ; www.ukrainska.pl ; ul Grodzka 21 ; plats 22-30 zł ; midi-22h30 ; 1, 6, 8, 13, 18)

Quartier culinaire

La colline du Wawel regroupe certains des meilleurs restaurants de Cracovie, même si la qualité implique souvent des prix élevés. Une série de bonnes adresses occupe ul Grodzka et ul Poselska (qui part d'ul Grodzka). La calme ul Kanonicza est un lieu huppé où les tables sont souvent aussi bonnes qu'onéreuses.

Restauracja Indyjska

INDIEN €€

16 PLAN P. 42, D6

Commodément située entre le Wawel et Kazimierz, cette table affichant un bon rapport qualité/prix accompagne ses plats épicés d'un piment séché, de coriandre et de gingembre frais. Beaucoup de plats végétariens à la carte. Les vendredis et samedis soir, mieux vaut réserver. (Gate of India ; ☎12 356 5563 ; www.gateofindia.pl ; ul Stradomska 11 ; plats 25-40 zł ; midi-23h ven-sam, midi-22h dim-jeu ; ; 6, 8, 10, 13, 18)

Balaton

HONGROIS €€

17 PLAN P. 42, C2

Le Balaton a plus ou moins toujours été là, et les habitants l'associent à une certaine nostalgie. Le personnel y offre les mêmes mélanges de paprika et de goulasch depuis l'époque du communisme. Plus agréable depuis sa rénovation, l'endroit reste essentiellement inchangé. Mieux vaut réserver, car il est prisé en soirée. (12 422 0469 ; balaton.krakow.pl ; ul Grodzka 37 ; plats 25-40 zł ; midi-23h ven-sam, midi-22h dim-jeu ; ; 1, 6, 8, 13, 18)

Prendre un verre

Dziórawy Kocioł

CAFÉ

18 PLAN P. 42, C2

Les fans de Harry Potter ne manqueront pas ce pittoresque café qui se terre sous ul Grodzka. Objets magiques, drapeaux des maisons de Poudlard et croquis à main levée représentant les personnages de l'univers de J.K. Rowling l'ornent du sol au plafond. Au programme : Bièraubeurre délicieusement sucrée, et gâteaux aux noms tout à fait sorciers. (Leaky Cauldron ; 12 422 5884 ; www.facebook.com/dziorawykociol ; ul Grodzka 50/1 ; 9h-22h ; ; 1, 6, 8, 13, 18)

Cafe Pianola

CAFÉ

19 PLAN P. 42, C2

Point de ravitaillement local pratique, entre le Wawel et la Vieille Ville. Café et vins excellents. Par beau temps, les tables sur le trottoir sont tentantes, mais jetez tout de même un œil à l'intérieur de style Renaissance, avec ses hauts plafonds voûtés et – cela va sans dire – son piano sur le côté ! (12 422 3252 ; www.cafepianola.pl ; ul Senacka 7 ; 8h30-1h, 10h-minuit dim ; ; 6, 8, 10, 13, 18)

Indalo Cafe

CAFÉ

20 PLAN P. 42, A3

Ce lieu au charme suranné, bien caché, est pourtant à quelques minutes du centre. Avant de devenir un café, ce fut un centre d'art et d'artisanat, et l'on peut toujours s'y procurer des décorations faites main en sirotant un café, ou en dégustant cheesecake et autres sucreries. Location de plusieurs chambres (à partir de 200 zł) à l'étage, dont un appartement avec kitchenette, convenable pour un séjour prolongé. (12 431 0091 ; www.cafeindalo.pl ; ul Tartowska 15 ; 8h-22h lun-sam, 9h-22h dim ; ; 1, 6, 8, 13, 18)

Prozak 2.0

DISCOTHÈQUE

21 PLAN P. 42, C1

Légende de son temps, cette incontournable scène de la vie nocturne présente des DJ internationaux, et entraîne les fêtards dans son labyrinthe de coins et recoins. (731 695 341 ; www.facebook.com/pg/ProzakDwaZero ; Plac Dominikański 6 ; 22h30-6h mar-dim ; ; 1, 6, 8, 13, 18)

Ruée vers l'ambre

L'ambre, aussi appelé "or de la Baltique", est une résine végétale fossilisée que l'on rencontre d'ordinaire sur les côtes de la mer Baltique. L'ambre taillé et poli fait une belle "pierre" semi-précieuse ornant bagues, colliers et broches. Cracovie ne manque pas de galeries où l'originalité du cadre rivalise avec celle des créations exposées. Faites votre marché : les prix sont très variables.

Sortir

Église Saint-Pierre-et-Saint-Paul

CONCERTS

22 PLAN P. 42, D3

Tous les soirs de la semaine, cette église (p. 43) accueille l'orchestre de chambre de Saint-Maurice pour des récitals de Vivaldi, Bach, Chopin et Strauss. Billets en vente sur place à l'entrée du concert ou à n'importe quelle antenne de l'office du tourisme InfoKraków. (695 574 526 ; ul Grodzka 52a ; billets tarif plein/réduit 60/40 zt ; 20h ; 1, 6, 8, 13, 18)

Shopping

Schubert World of Amber

BIJOUX

23 PLAN P. 42, C2

Le nom le laisse deviner : il ne s'agit pas seulement d'une boutique, mais d'une ode à tous les objets en ambre. Même si vous ne souhaitez pas faire des achats, vous ne regretterez pas d'avoir jeté un œil à cette étonnante sélection de colliers, boucles d'oreilles, broches et pendentifs en ambre. (12 430 2114 ; www.sukiennice.krakow.pl ; ul Grodzka 38 ; 9h-20h ; 1, 6, 8, 13, 18)

Kobalt Pottery & More

CÉRAMIQUE

24 PLAN P. 42, C4

Vous y trouverez d'exquises céramiques de Bolesławiec, une ville de l'ouest de la Pologne. Les plats, assiettes et bols sont peints à la main selon une technique unique, au pinceau et au tampon. (798 380 431 ; www.facebook.com/kobalt.pottery ; ul Grodzka 62 ; 10h-19h ; 6, 8, 10, 13, 18)

Boruni

BIJOUX

25 PLAN P. 42, C4

Si vous voulez en savoir plus sur l'ambre, entrez dans cette spacieuse galerie. Une vidéo présente les différentes variétés d'ambre et son processus de fabrication. Attention, on pratique ici une vente assez agressive ! (12 428 5086 ; www.boruni.pl ; ul Grodzka 60 ; 9h-21h ; 6, 8, 10, 13, 18)

Explorer

Vieille Ville

Cœur de Cracovie depuis les invasions tatares du XIIIe siècle, la Vieille Ville et sa gracieuse place du marché principal (Rynek Główny) sont riches en édifices et monuments historiques. Le secteur abonde en restaurants et galeries d'art, et le nombre de bars au mètre carré y serait le plus élevé d'Europe. Classée au patrimoine mondial par l'Unesco depuis 1978, la Vieille Ville est en grande partie piétonne.

Notre sélection

- ***Église Notre-Dame (p. 52)***. *Admirez l'intérieur fastueux et les retables sculptés de la plus importante église de Cracovie.*
- ***Musée Czartoryski (p. 62)***. *Contemplez* La Dame à l'hermine *de Léonard de Vinci et, une fois la longue rénovation achevée, le reste de la collection.*
- ***Rynek souterrain (p. 54)***. *Explorez ce mystérieux univers médiéval, tapi sous la place du marché.*
- ***Collegium Maius (p. 56)***. *Découvrez l'éventail d'instruments scientifiques rares dont usèrent les scientifiques de la Renaissance pour percer les mystères du Système solaire.*
- ***Musée de la Pharmacie (p. 62)***. *Les fioles et élixirs présentés dans ce musée vous feront louer les avancées de la médecine moderne.*

Comment y aller et circuler

Les lignes nos 1, 6, 8, 13 et 18 desservent la place du marché principal.

Les lignes nos 2, 4, 14, 18, 20, 24 et 44 relient le nord de la Vieille Ville.

Plan du quartier p. 60

Place du marché principal (p. 59) MARCIN_KADZIOLKA/GETTY IMAGES ©

Les incontournables

Église Notre-Dame

Dominant la place centrale, cette majestueuse église de brique rouge est surmontée de deux tours de hauteurs différentes. Une première église, bâtie ici dans les années 1220, fut détruite lors d'une attaque des Tatars. La construction de l'édifice actuel débuta par la suite. Admirez son délicat intérieur, notamment son retable en bois sculpté. Le panorama depuis le sommet de la tour mérite l'ascension. Et ne manquez pas la sonnerie au clairon, qui retentit toutes les heures.

PLAN P. 60, E4

Basilique de l'Assomption-de-Notre-Dame

Kościół Mariacki

mariacki.com

Plac Mariacki 5, Rynek Główny

Tarif plein/réduit 10/5 zł

11h30-18h lun-sam, 14h-18h dim

1, 6, 8, 13, 18

Fresques murales

Les **fresques murales**, raffinées et colorées, attirent le regard dès l'entrée dans l'église. Beaucoup d'entre elles sont l'œuvre de Jan Matejko, peintre polonais du XIXe siècle et maître du réalisme. Elles s'accordent à merveille avec le somptueux retable. Pensez à lever les yeux pour admirer le remarquable plafond bleu couvert d'étoiles.

Vitraux

Le chœur, partie de l'église qui entoure l'autel principal, est illuminé par une série de magnifiques **vitraux** datant de la fin du XIVe siècle. De l'autre côté de l'église, la tribune d'orgue est surmontée d'un beau vitrail Art nouveau, réalisé par les maîtres du début de la période moderne Stanisław Wyspiański et Józef Mehoffer.

Retable sculpté

Mesurant 13 m de haut et 11 m de large, le célèbre **retable** qui orne le maître-autel de l'église est la pièce d'art médiéval la plus importante et la plus imposante du pays. Consacré en 1489, il demanda dix ans de travail au sculpteur Veit Stoss. La scène principale représente l'Assomption de la Vierge, entourée des apôtres.

Tour

Tendez l'oreille pour entendre le clairon qui sonne l'heure. La mélodie est aussi ancienne que l'église et accompagne nombre des légendes de la ville. Pour admirer Cracovie d'en haut, un billet séparé permet de gravir les 239 marches environ de cette **tour** de 82 m.

★ À savoir

- Le meilleur endroit pour écouter le *hejnał* (sonnerie du clairon) et voir le trompettiste à l'œuvre est la petite cour devant l'église Sainte-Barbe (p. 64).
- L'entrée des fidèles se fait par la porte principale de la façade sud-ouest ; celle des touristes s'effectue par une porte de la façade sud-est.
- Bien que l'église soit bondée de touristes, soyez discrets, car il s'agit avant tout d'un lieu de recueillement.

Une petite pause ?

Dans un coin de la place, le **Magia Cafe Bar** (plan p. 60, F4 ; 12 426 4773 ; www.facebook.com/MagiaCafeBar ; Plac Mariacki 3 ; 9h-1h ;) est parfait pour un remontant caféiné. L'après-midi, direction le **Viva la Pinta** (plan p. 60, F4 ; 12 378 97 22 ; ul Floriańska 13 ; 16h-minuit lun-sam, 14h-minuit dim ; ; 2, 4, 14, 18, 20, 24, 44), non loin, et son *beer garden* insoupçonné.

Les incontournables

Rynek souterrain

Sous la place du marché, cette fascinante exposition high-tech invite à une promenade souterraine d'une heure, parmi les étals de marché médiévaux et autres lieux surgis du passé. À mi-chemin entre le musée archéologique traditionnel et l'espace interactif moderne, le Rynek souterrain s'attache à retracer 1 mille ans d'histoire de façon captivante pour les visiteurs de tous âges.

PLAN P. 60, D4

Podziemia Rynku
12 426 5060
www.podziemiarynku.com
Rynek Główny 1
Tarif plein/réduit 21/18 zł, gratuit mar
10h-20h mer-lun, 10h-16h mar
1, 6, 8, 13, 18

Son et lumière

La haute technologie est omniprésente dans cette **exposition** qui retrace la longue histoire de Cracovie : vidéos projetées sur un écran de fumée à l'entrée du souterrain, hologrammes et vidéos dans les salles, et films documentaires sur la vie à Cracovie à travers les âges.

Cracovie aux premiers jours

La première partie de l'exposition dépeint la vie quotidienne, ainsi que le commerce, le transport et la construction aux XIIIe et XIVe siècles. Vous pourrez voir des trottoirs datant du XIVe siècle, ainsi que des reconstitutions des boutiques d'artisans et de commerçants. Les enfants apprécieront le spectacle de marionnettes, ainsi que la macabre présentation d'un cimetière du XIe siècle.

Maquette de la ville

Un des points forts de la visite est l'impressionnante **maquette de la ville** royale à son apogée, au XVe siècle. Elle révèle l'importance des fortifications et la relation géographique qui unit la Vieille Ville au château royal du Wawel. Clin d'œil à Paris et à la pyramide du Louvre, la maquette est située sous une pyramide vitrée qui l'inonde de lumière et permet de l'admirer, en une vue plongeante, depuis la place.

Découvertes archéologiques

Les passionnés d'histoire apprécieront la dernière partie de la visite, dédiée à la découverte des multiples recoins et ruines récemment mis au jour par les archéologues. On peut y voir les différents outils et objets utilisés au fil des ans pour l'exploration de la place centrale de la ville.

★ À savoir

- Achetez vos billets au guichet spécial (numéroté "Sukiennice 21") situé sur la façade ouest de la halle aux Draps.
- Le tableau électronique de la billetterie indique les horaires des visites et le nombre de places restantes.
- L'entrée du tunnel se trouve au nord-est de la place, en face de la halle aux Draps.
- Entrée libre le mardi. Réservez longtemps à l'avance car les billets sont vite épuisés.

Une petite pause ?

Le musée comprend un café.

Une adresse de choix pour un café ou un repas léger est le **Noworolski** (plan p. 60, D4 ; ☎ 515 100 998 ; www.noworolski.com.pl ; Rynek Główny 1/3 ; ⏲ 8h30-minuit), idéalement situé, à côté de l'entrée du Rynek souterrain.

Les incontournables

Collegium Maius

Plus ancien édifice universitaire de Pologne, le Collegium Maius faisait partie à sa construction de l'Akademia Krakowska (académie de Cracovie, aujourd'hui l'université Jagellonne). C'est l'un des plus beaux exemples d'architecture gothique du XVe siècle de la ville. On y découvre notamment une magnifique cour bordée d'arcades (ouverte de 7h jusqu'au coucher du soleil) et une fascinante collection universitaire.

PLAN P. 60, B4

maius.uj.edu.pl

Ul Jagiellońska 15

Tarif plein/réduit visite 16/12 zł, exposition 7/5 zł

10h-14h20 lun, mer et ven, 10h-17h20 mar et jeu, 10h-13h30 sam avr-oct, horaires réduits nov-mars

2, 8, 13, 18, 20

Horloge de la cour

Même si vous ne souhaitez pas visiter l'édifice, cela vaut la peine de s'aventurer dans la pittoresque cour intérieure gothique du XVe siècle. Faites en sorte de vous y trouver à l'heure pile, entre 9h et 15h, afin d'assister au spectacle musical qui s'y déroule toutes les deux heures depuis le XVIe siècle, lorsque des figurines en bois surgissent de la fenêtre en dessous de l'**horloge**.

Instruments de Copernic

La visite évolue dans différents intérieurs d'époque. Le plus intéressant est certainement celui où sont exposés des équipements scientifiques des XVe et XVIe siècles, notamment les globes et télescopes qu'aurait utilisés Nicolas Copernic. Sont aussi présentés des manuscrits de l'ancien élève de l'université le plus célèbre, qui y étudia dans les années 1490.

Globe Jagellon

Le musée permet d'admirer de nombreux tableaux, sculptures, dessins et arts décoratifs, ainsi qu'une exposition consacrée à la peinture et aux arts visuels médiévaux. Pour la plupart des visiteurs, le clou de la visite est le **globe Jagellon** datant de 1510, le plus ancien globe existant où figure le continent américain.

Aula

Le plafond d'époque Renaissance de cette salle est couvert de portraits de rois, de donateurs et de doyens de l'université (cinq d'entre eux furent envoyés par les nazis au camp de concentration de Sachsenhausen en 1939). Le trésor comporte des objets de toutes sortes, des copies des manuscrits fondateurs de l'université (1364) à l'oscar remis au réalisateur Andrzej Wajda, en passant par la table en argent martelé de Jan III Sobieski.

★ À savoir

- Une visite en anglais a lieu chaque jour, du lundi au vendredi, à 13h.
- La réservation, sur place ou par téléphone (☎ 12 663 1521 pour le jour même, ☎ 12 663 1448 à l'avance), est conseillée en été.
- Accès à la cour gratuit jusqu'au coucher du soleil.
- Toutes les 2 heures, entre 9h et 15h, l'horloge située côté sud carillonne, et ses personnages s'animent.
- La visite est gratuite le samedi (10h-13h30), et tous les jours pour les moins de 7 ans.

Une petite pause ?

Le musée abrite un café correct.

Pour un en-cas plus consistant, cap sur le Chimera Salad Bar (p. 67), de l'autre côté du carrefour par rapport à l'entrée principale.

Promenade à pied

Clubs et cafés historiques

La place du marché principal de Cracovie est l'une des plus animées d'Europe. Aujourd'hui en grande partie envahie par les touristes, elle fut pendant des siècles le centre névralgique et intellectuel de la ville. Certains établissements n'ont pourtant rien perdu de leur charme et restent chers aux Cracoviens.

La promenade

Départ Place du marché principal

Arrivée Place du marché principal

Distance 1 km

Durée 2 heures

❶ Institution étudiante

Le légendaire Klub Pod Jaszczurami (p. 71) est une adresse de référence des étudiants, qui viennent y faire la fête depuis les années 1960, comme en témoignent les photos de concerts accrochées aux murs. Le Klub a un peu perdu de son prestige, mais des ondes rétro émanent encore de sa scène principale.

❷ Repaire politique

Passez au Noworolski (p. 55) pour en goûter l'atmosphère intemporelle et en admirer l'éblouissant intérieur Art nouveau, créé par l'artiste polonais Józef Mehoffer. Ce café ouvert en 1910 commença par accueillir la clientèle des contemporains de Lénine, avant les officiers allemands qui en firent leur lieu de prédilection.

❸ Classique communiste

Les clubs de Cracovie fleurissent et disparaissent au fil du temps. Mais le Feniks (p. 71), sur la place centrale, a su rester le même depuis l'époque communiste, avec son décor à l'ancienne particulièrement saisissant.

❹ Années folles

C'est surtout pour s'imprégner de l'atmosphère "ancienne époque" de ses arrière-salles que les clients accourent à l'Europejska (p. 69). Le papier peint à rayures, les banquettes de velours vert et les vieux gramophones donnent aux lieux une ambiance années 1920.

❺ À la rencontre de Gustav Klimt

L'humble façade du Hawełka (p. 68) dissimule tout un répertoire de splendeurs Art déco de la fin du XIXe siècle. Un retour dans le temps jusqu'à l'occupation autrichienne, avant la Première Guerre mondiale.

❻ Café canaille

Avec son minuscule comptoir, le Vis-à-Vis (p. 71) est réputé pour servir les bières les moins chères du Rynek, et pour être un repaire d'artistes, peintres, poètes, chanteurs et acteurs.

❼ Pub à travers les âges

Le Piwnica Pod Baranami ("cave sous les béliers" ; p. 72) a ouvert au milieu des années 1950 en tant que "cabaret littéraire". Il accueille désormais un festival de jazz l'été, ainsi que des concerts et récitals tout au long de l'année.

Place du marché principal

Carré de 200 m de côté, la **place du marché principal** (plan p. 60, D4 ; Rynek Główny ; 🚋1, 6, 8, 13, 18) est la plus grande place médiévale d'Europe, et la plus belle conception urbaine en son genre. Pensée comme un *castrum* (camp militaire romain), elle fut dessinée en 1257 et conservée en l'état, bien que les édifices s'y soient succédé au fil des siècles.

Nos adresses
Les incontournables p. 52
Voir p. 62
Se restaurer p. 66
Prendre un verre p. 69
Sortir p. 71
Shopping p. 74
0 200 m
A B C D
1 2 3 4 5 6
Basztowa
Planty
Garbarska
KLEPARZ
Pijarska
Reformacka
św Marka
Karmelicka
Palais des Beaux-Arts
6
św Tomasza
32
Plac Szczepanski
Basztowa
Bunkier Sztuki
Krupnicza
25
24
Polskie Smaki
Sławkowska
15
Szewska
37
MICET
8
Jagiellońska
Szczepańska
Podwale
5
46
Musée d'Histoire de Cracovie
21
31
Studencka
Église Sainte-Anne
10
45
Szewska
Place du marché principal
Rynek Główny
Rynek souterrain
Podwale
św Anny
Galerie de la Peinture polonaise du XIXe siècle
Halle aux Draps
Collegium Maius
33
18
35
1
14
36
Tournée des bars de Cracovie
Beffroi de l'hôtel de ville
13
Jagiellońska
Noworolski
Cracovia Walking Tours
Jabłonowskich
Wiślna
Gołębia
29
Bracka
17
12
marsz Piłsudskiego
Olszewskiego
Cool Tour Company
Straszewskiego
20
Planty
Grodzka
Smoleńsk
Franciszkańska
Plac Wszystkich Świętych
Plac Dominikańsk

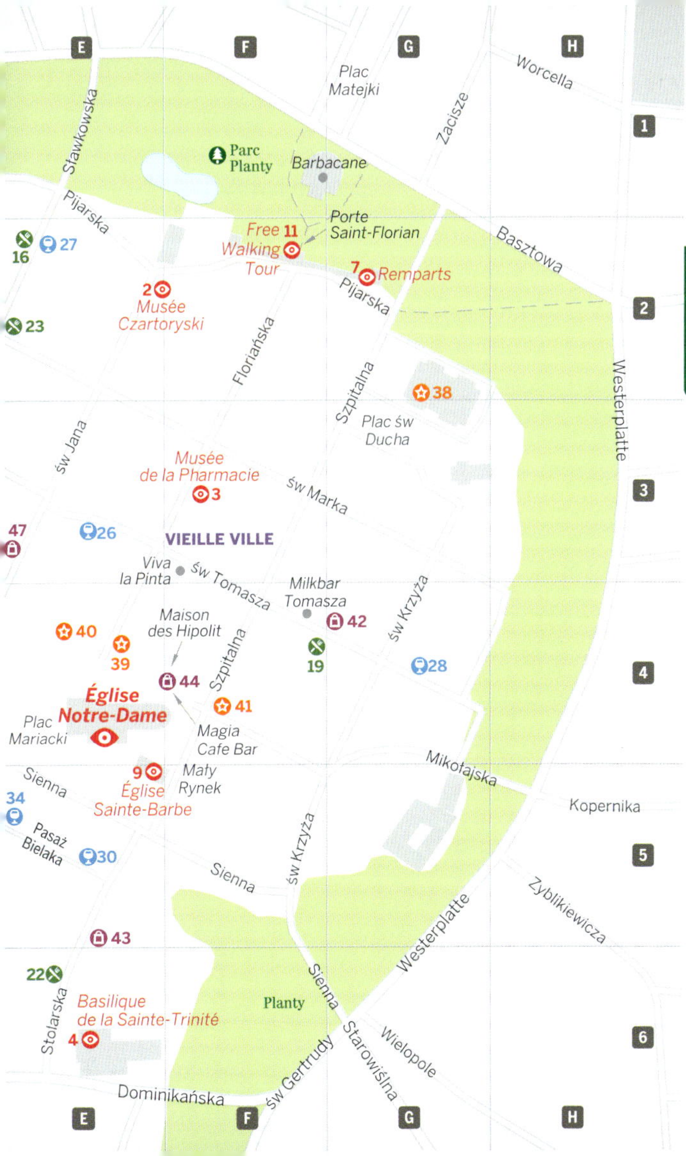

E
F
G
H
1
2
3
4
5
6
Plac Matejki
Worcella
Zacisze
Sławkowska
Parc Planty
Barbacane
Porte Saint-Florian
Pijarska
Free 11 Walking Tour
7 Remparts
Basztowa
16
27
2 Musée Czartoryski
23
Pijarska
Floriańska
Szpitalna
38
Plac św Ducha
Westerplatte
św Jana
Musée de la Pharmacie 3
św Marka
47
26
VIEILLE VILLE
Viva la Pinta
św Tomasza
Milkbar Tomasza
42
św Krzyża
Maison des Hipolit
40
39
Szpitalna
19
28
44
Église Notre-Dame
41
Plac Mariacki
Magia Cafe Bar
Mikołajska
9 Église Sainte-Barbe
Mały Rynek
Sienna
Kopernika
34
Pasaż Bielaka
30
Sienna
św Krzyża
Zyblikiewicza
43
Westerplatte
22
Sienna
Planty
Basilique de la Sainte-Trinité
4
Stolarska
św Gertrudy
Starowiślna
Wielopole
Dominikańska

Voir

Halle aux Draps

MONUMENT HISTORIQUE

1 PLAN P. 60, D4

Dominant la place du marché principal, ce bâtiment fut le cœur du commerce des étoffes de la Cracovie médiévale. L'édifice original date du début du XIVe siècle, lorsqu'un toit fut bâti au-dessus de deux rangées d'étals. Il fut ensuite agrandi en une structure gothique de 108 m, puis reconstruit dans le style Renaissance après un incendie, en 1555. Les arcades furent ajoutées à la fin du XIXe siècle. Le rez-de-chaussée est aujourd'hui une halle où l'on trouve des objets d'artisanat et des souvenirs, tandis que l'étage héberge la **galerie de la Peinture polonaise du XIXe siècle**. (Sukiennice ; Rynek Główny 1/3 ; gratuit ; 1, 6, 8, 13, 18)

Musée Czartoryski

MUSÉE

2 PLAN P. 60, E2

Le Czartoryski renferme la plus riche collection d'art de la ville, dont *La Dame à l'hermine* (1489-1490), un chef-d'œuvre de Léonard de Vinci. Expositions d'art grec, romain, égyptien, étrusque, et section sur les armes turques. Fermé en 2010 pour rénovation, le musée devrait rouvrir en tant que branche du Musée national à la fin 2019. (Muzeum Czartoryskich ; 12 370 5460 ; mnk.pl ; ul Św Jana 19 ; 2, 4, 14, 18, 20, 24, 44)

Musée de la Pharmacie

MUSÉE

3 PLAN P. 60, F3

Ce musée de l'école de médecine de l'université Jagellonne est l'un des plus vastes du genre en Europe, et peut-être le meilleur. Installé dans une maison de ville historique qui mérite à elle seule le détour, il présente une collection de 22 000 pièces : instruments anciens, flacons, jarres, ouvrages de médecine, etc. (Muzeum Farmacji ; 12 421 9279 ; www.muzeumfarmacji.pl ; ul Floriańska 25 ; tarif plein/réduit 14/8 zł ; midi-18h30 mar, 10h-15h mer-sam ; 2, 4, 14, 18, 20, 24, 44)

Basilique de la Sainte-Trinité

MONASTÈRE

4 PLAN P. 60, E6

Construite au XIIIe siècle, cette imposante église fut gravement endommagée lors d'un incendie en 1850. La porte d'entrée principale (à l'ouest) date du XIVe siècle. Le monastère, juste derrière les murs nord de l'église, est accessible depuis la rue – entrée Stolarska 12. Fermé aux touristes durant la messe du dimanche. (Église des Dominicains ; Bazylika Św Trójcy ; 12 423 1613 ; krakow.dominikanie.pl ; ul Stolarska 12 ; gratuit ; 9h30-11h30 et 13h30-16h30 ; 1, 6, 8, 13, 18)

Musée d'Histoire de Cracovie

MUSÉE

5 PLAN P. 60, D3

Il est installé au sein du palais Krzysztofory (XVIIe siècle), à l'angle nord de la place. La "*Cyberteka*", exposition interactive, retrace l'histoire de Cracovie depuis sa création jusqu'à la Première Guerre mondiale. Les collections du musée s'intéressent à tout ce qui se rapporte à la ville : vieilles horloges, armures, tableaux, les célèbres *szopki* (scènes de la Nativité) de Cracovie, et le costume du Lajkonik (personnage homme-cheval du folklore cracovien). (Muzeum Historyczne Miasta Krakowa ; Palais Krzysztofory ; 12 619 2335 ; www.muzeumkrakowa.pl ; Rynek Główny 35 ; tarif plein/réduit 12/8 zł, gratuit mar ; 10h-17h30 mar-dim ; 2, 4, 14, 18, 20, 24, 44)

Palais des Beaux-Arts

GALERIE D'ART

6 PLAN P. 60, C2

À l'ouest de la place, ce splendide édifice est la pièce maîtresse de la Plac Szczepański, de style Art nouveau. Une incroyable frise, œuvre de Jacek Malczewski, ceint le bâtiment, tandis que sa façade est ornée de bustes d'artistes polonais. Le palais accueille des expositions d'art temporaires. (Pałac Sztuki ; 12 422 6616 ; palac-sztuki.krakow.pl ; Plac Szczepański 4 ; tarif plein/réduit 15/10 zł ; 8h15-18h lun-ven, 10h-18h sam-dim ; 2, 4, 14, 18, 20, 24, 44)

Étals dans la halle aux Draps

Remparts

SITE HISTORIQUE

7 PLAN P. 60, G2

Ce petit musée inclut l'entrée pour la porte Saint-Florian (p. 41) et la **Barbacane** (plan p. 60, F1 ; Barbakan ; www.muzeumkrakowa.pl ; ul Basztowa ; tarif plein/réduit 9/7 zł ; 10h30-18h avr-oct ; 2, 4, 14, 18, 20, 24, 44), qui comptent parmi les derniers vestiges des remparts de Cracovie. La porte Saint-Florian, du XIVe siècle, fut autrefois la porte d'entrée principale de la ville. La Barbacane, un rempart circulaire surmonté de sept tourelles, fut ajoutée à la fin du XVe siècle pour en renforcer la protection. Elle était jadis reliée à la porte par un étroit passage au-dessus des douves. (Mury Obronne ; 12 421 1361 ; www.muzeumkrakowa.pl ; ul Pijarska ; tarif plein/réduit 9/7 zł ; 10h30-18h mai-oct ; 2, 4, 14, 18, 20, 24, 44)

MICET

MUSÉE

8 PLAN P. 60, C3

Installé dans le Stary Teatr (p. 72), ce lieu interactif propose à ses visiteurs une initiation à l'artisanat traditionnel lié au théâtre. Vous pourrez ensuite mettre vos connaissances à profit en composant scènes, costumes et designs. Adapté aux enfants, et à recommander bien sûr à ceux qui s'intéressent aux coulisses du théâtre, quel que soit leur âge ! (Muzeum Interaktywnym/Centrum Edukacji Teatralnej ; 12 422 8020 ; www.micet.pl ; ul Jagiellońska 1 ; tarif plein/réduit 12/8 zł ; 11h-19h mar-dim ; ; 2, 4, 14, 18, 20, 24, 44)

Église Sainte-Barbe

ÉGLISE

9 PLAN P. 60, E5

Cette sombre église du XIVe siècle se dresse sur la charmante petite Plac Mariacki, qui abritait un cimetière jusqu'au début du XIXe siècle, dont Sainte-Barbe était la chapelle. Elle accueillait les fidèles polonais au Moyen Âge. Remarquez le crâne et les os disposés en croix sur la façade nord, et, juste à l'entrée, la chapelle ouverte avec ses sculptures en pierre du Christ et de trois apôtres, attribuées à l'école Stoss. (Kościół Św Barbary ; 12 428 1500 ; swietabarbara.pl ; Plac Mariacki ; 8h-18h ; 1, 6, 8, 13, 18)

Église Sainte-Anne

ÉGLISE

10 PLAN P. 60, B4

Conçue par Tylman van Gameren et construite à la fin du XVIIe siècle, l'église Sainte-Anne faisait alors partie de l'université. Elle fut longtemps le théâtre d'inaugurations de l'année universitaire, de cérémonies de remises de diplômes, et plusieurs professeurs et doyens y reposent. Elle figure parmi les plus belles églises baroques de Pologne, avec son vaste intérieur blanc qui révèle de nombreux meubles, stèles et épitaphes, enrichi de superbes moulures et fresques murales. (Kościół Św Anny ; 12 422 5318 ; kolegiata-anna.pl ; ul Św Anny 11 ; 8h-18h ; 1, 6, 8, 13, 18)

La Dame à l'hermine

L'œuvre d'art la plus précieuse de Cracovie est indubitablement *La Dame à l'hermine*. Ce chef-d'œuvre pictural, achevé par Léonard de Vinci en 1490 environ, est l'un des rares portraits féminins du peintre (*La Joconde* étant bien sûr un autre exemple notable). Le tableau possède une histoire remarquable : volé par les Allemands pendant la Seconde Guerre mondiale, il fut restitué à Cracovie par le gouvernement américain après l'armistice. Pendant des années, le portrait demeura dans le musée Czartoryski (p. 62), au sein de la collection privée de la famille éponyme. Durant la dernière décennie, cependant, *La Dame à l'hermine* a changé plusieurs fois de lieu, le musée subissant une rénovation lente et maintes fois repoussée. À la fin 2019, l'œuvre devrait avoir intégré le nouveau musée Czartoryski, qui fait dorénavant partie du Musée national.

Free Walking Tour — PROMENADE

11 PLAN P. 60, F2

Ces visites de la Vieille Ville et de Kazimierz sont proposées par des guides professionnels rémunérés au pourboire. Pour la Vieille Ville, quatre départs par jour (mars-oct, horaires réduits nov-fév) devant la porte Saint-Florian (p. 41). Vous reconnaîtrez le guide à son parapluie jaune. Pour les autres circuits, voir le site Internet. (513 875 815 ; freewalkingtour.com ; gratuit ; 2, 4, 14, 18, 20, 24, 44)

Cool Tour Company — VÉLO

12 PLAN P. 60, D5

Ce prestataire offre l'occasion de se balader à vélo dans Cracovie pendant quatre heures (90 zł). Un départ à 10h et un autre à 15h entre mai et septembre. Très complet, le circuit englobe aussi bien les remparts de la Vieille Ville que l'usine d'Oskar Schindler à Podgórze. Autres circuits à pied ou à vélo détaillés sur le site Internet. (12 430 2034 ; www.krakowbiketour.com ; ul Grodzka 2 ; 1, 6, 8, 13, 18)

Cracovia Walking Tours — PROMENADE

13 PLAN P. 60, D4

Promenades à pied de deux heures dans la Vieille Ville, encadrées par des guides agréés. Circuits à Kazimierz et Podgórze également. Les départs se font tous de la place du marché principal, devant la statue d'Adam Mickiewicz. Horaires et liste complète des circuits sur le site Internet. (537 226 125 ; www.cracoviawalkingtours.com ; Rynek Główny 1/3 ; gratuit ; circuits 22h15 ; 1, 6, 8, 13, 18)

Tournée des bars de Cracovie

PROMENADE

14 PLAN P. 60, D4

Cette visite, qui passe par quatre établissements et comprend les boissons à volonté durant une heure au premier bar, part de la place du marché principal, devant la statue d'Adam Mickiewicz. Réservez en ligne ou présentez-vous au point de rendez-vous. (500 575 221 ; krawlthroughkrakow.com ; Rynek Główny ; visite 60 zł ; 21h ; 1, 6, 8, 13, 18)

Se restaurer

Ed Red

GRILL €€€

15 PLAN P. 60, D3

Les amateurs de viande de bœuf seront ici comblés : côte de bœuf, faux-filet, entrecôte à l'os (provenance locale uniquement). Également à la carte : joue de bœuf accompagnée de sarrasin, sanglier et poulet de plein air. L'intérieur est digne d'un magazine de décoration. (690 900 555 ; www.edred.pl ; ul Sławkowska 3 ; plats 40-70 zł ; 13h-minuit ven-sam, 13h-23h dim-jeu ; ; 2, 4, 14, 18, 20, 24, 44)

Cyrano de Bergerac

FRANÇAIS €€€

16 PLAN P. 60, E2

Parmi les meilleurs restaurants haut de gamme de Cracovie, cet établissement propose une cuisine française authentique dans l'une des plus belles caves de la ville. Les œuvres d'art et les tapisseries contribuent à l'atmosphère romantique. En été, vous pourrez

Chimera Salad Bar

profiter de la cour. (12 411 7288 ; www.cyranodebergerac.pl ; ul Sławkowska 26 ; plats 62-92 zł ; midi-23h ; ; 2, 4, 14, 18, 20, 24, 44)

Wentzl

POLONAIS €€€

17 PLAN P. 60, D5

Fondé en 1792, cet établissement historique avec poutres apparentes au plafond, tapis orientaux et belles peintures à l'huile surplombe la place du marché principal. Cuisine exquise : foie gras au cognac, filet de canard laqué au miel, cabillaud de la Baltique... Service soigné. (12 429 5299 ; restauracjawentzl.com.pl ; Rynek Główny 19 ; plats 45-90 zł ; 13h-23h ; ; 1, 6, 8, 13, 18)

Chimera Salad Bar

VÉGÉTARIEN €

18 PLAN P. 60, C4

Pour un déjeuner simple et rapide dans la Vieille Ville. Prenez une assiette et garnissez-la de préparations végétariennes affriolantes. La cour abritée offre un cadre délicieux. Attention à ne pas confondre avec le restaurant du même nom, à l'étage inférieur : la cuisine y est bonne, mais les tarifs sensiblement plus élevés. (12 292 1212 ; www.chimera.com.pl ; ul Św Anny 3 ; plats 15-30 zł ; 9h-22h ; ; 2, 8, 13, 18, 20)

Cakester

BOULANGERIE €

19 PLAN P. 60, F4

Joviale, cette boulangerie d'antan déploie moult petits-déjeuners, sandwichs grillés, crêpes et gaufres. On y boit aussi des cafés et milk-shakes réussis, mais son plus grand atout est l'attention portée aux différents régimes alimentaires : végétaliens, végétariens, sans gluten... Tout le monde y trouvera son compte. (12 307 0503 ; www.facebook.com/cakestercafekrakow ; ul Św Tomasza 25 ; plats 15-30 zł ; 9h-20h ; ; 3, 10, 24, 52)

Cafe Botanica

CAFÉ €€

20 PLAN P. 60, C5

La décoration s'accorde avec le nom de ce lieu qui met l'horticulture à l'honneur. Petits-déjeuners appréciés (traditionnel

Bars à lait

Les bars à lait (*bar mleczny*) étaient des cantines bon marché, subventionnées par l'État à l'époque communiste afin de fournir aux plus pauvres des repas simples.

Le **Milkbar Tomasza** (plan p. 60, F4 ; 12 422 1706 ; ul Św Tomasza 24 ; plats 12-20 zł ; 8h-20h mar-sam, 9h-20h dim ; ; 3, 10, 24, 52) en est une version moderne, où les paninis trônent fièrement en vitrine à côté des *pierogi*.

Le **Polskie Smaki** (plan p. 60, D3 ; 12 429 3869 ; www.polskie-smaki.pl ; ul Św Tomasza 5 ; plats 12-22 zł ; 9h-22h ; ; 2, 4, 14, 18, 20, 24, 44) a un certain cachet, mais sert une nourriture plus simple.

à l'anglaise, européen, omelette ou quiche). Plus tard dans la journée, on s'y repaît de paninis, de burgers ou de pâtes, ou d'un dessert accompagné d'un café. Nombreuses tables parmi une foule d'arbres et de plantes. (530 717 438 ; www.cafebotanica.pl ; ul Bracka 9 ; petit-déj 20-25 zł, gâteaux 8-13 zł ; 9h-23h45 ven-sam, 9h-23h dim-jeu ; ; 1, 6, 8, 13, 18)

Hawełka POLONAIS €€

21 PLAN P. 60, D3

Quiconque apprécie l'Art nouveau ou les toiles de Gustav Klimt sera ébloui par cet établissement, qui offre un voyage 100 ans en arrière. La cuisine traditionnelle polonaise est loin d'être médiocre, avec notamment le canard à la mode de Cracovie. Au déjeuner, le plat du jour (32 zł) est d'un excellent rapport qualité/prix. Par beau temps, attablez-vous sur la place centrale. (12 422 0631 ; www.hawelka.pl ; Rynek Główny 34 ; plats 48-64 zł ; midi-23h ; ; 2, 4, 14, 18, 20, 24, 44)

Pimiento ARGENTIN €€€

22 PLAN P. 60, E6

Ce grill chic propose un choix de grillades qui saura satisfaire à la fois votre appétit et votre budget. On y trouve aussi une sélection de vins d'Amérique du Sud, et même quelques options végétariennes. (12 422 6672 ; www.pimiento.pl ; ul Stolarska 13 ; plats 40-130 zł ; midi-23h ; ; 1, 6, 8, 13, 18)

U Babci Maliny POLONAIS €

23 PLAN P. 60, E2

L'accès à ce sous-sol rustique se cache dans la cour de l'Académie

Roi des bretzels

Vous voyez des étals à *obwarzanki* (le "*r*" ne se prononce pas) à chaque coin de rue ? C'est un signe qui ne trompe pas : vous êtes bien arrivé à Cracovie. Cet en-cas de rue (au singulier, *obwarzanek*) est un genre de bretzel géant. Proche de son cousin allemand, il est plus dense et est confectionné à partir de deux bandelettes de pâte à pain tressées ensemble.

Cette couronne passée au four, souvent incrustée de grains de pavot, de sésame ou de sel, donne de l'ouvrage à une foule d'hommes et de femmes qui en profitent pour prendre l'air au passage (la vente en est probablement moins amusante en hiver).

Monarchies, républiques, invasions militaires... L'*obwarzanek* a survécu à tout. Cette curiosité historique existait déjà au XIVe siècle, et de très nombreux Cracoviens aiment toujours autant s'en offrir un pour le grignoter en se rendant au travail ou à l'école. D'ailleurs, on en prépare 150 000 chaque jour.

polonaise des arts et des sciences. Descendez l'escalier et laissez-vous guider par votre odorat jusqu'aux *pierogi*, plats de viande et salades. L'une des spécialités de la maison à goûter est la *żurek*, une soupe aigre au seigle, garnie de saucisse et servie dans un bol creusé dans une miche de pain. (12 422 7601 ; kuchniaubabcimaliny.pl ; ul Sławkowska 17 ; plats 12-25 zł ; 11h-23h lun-ven, midi-23h sam-dim ; ; 2, 4, 14, 18, 20, 24, 44)

Charlotte Chleb i Wino

BOULANGERIE €

24 PLAN P. 60, C3

C'est l'enseigne cracovienne d'un restaurant de Varsovie très apprécié pour ses croissants, baguettes à la française, salades et sandwichs. On y sert aussi d'excellents et très abordables vins français. (600 807 880 ; bistrocharlotte.pl ; Plac Szczepański 2 ; salades et sandwichs 15-30 zł ; 7h-minuit lun-jeu, 7h-1h ven, 8h-1h sam, 8h-22h dim ; ; 2, 4, 14, 18, 20, 24, 44)

Europejska

POLONAIS €€

Bien sûr, les plats polonais de cette adresse incontournable (voir 5 plan p. 60, D3) sont bons, mais on y vient surtout pour goûter dans ses arrière-salles l'atmosphère de l'Europe des années 1920. Lors de nos recherches, l'Europejska était en rénovation : espérons qu'ils ne changent rien ! (691 976 799 ; europejska.pl ; Rynek Główny 35 ; plats 50-60 zł ; 8h-minuit ; ; 2, 4, 14, 18, 20, 24, 44)

Prendre un verre

Bunkier Cafe

CAFÉ

25 PLAN P. 60, B3

L'immense véranda de ce remarquable café est mitoyenne de la galerie d'avant-garde **Bunkier Sztuki** (www.bunkier.art.pl ; tarif plein/réduit 12/6 zł, gratuit mar ; 11h-19h mar-sam ; 2, 8, 13, 18, 20), installée au nord-ouest de la place du marché. Le jardin, chauffé en hiver, est toujours animé. Très bon café, bières non filtrées et limonade maison, en plus de repas légers (burgers, salades). Entrée par le Planty (p. 72). (12 431 0585 ; bunkiercafe.pl ; Plac Szczepański 3a ; 9h-1h ;)

Café Camelot

CAFÉ

26 PLAN P. 60, E3

Poussez la porte de ce coin de paradis caché au détour d'une rue de la Vieille Ville et rattaché à un théâtre homonyme. On y trouve des salles confortables, des tables éclairées à la bougie et recouvertes de nappes en dentelle, et une étonnante collection de figurines représentant des scènes religieuses ou folkloriques. Large choix pour le petit-déjeuner et le brunch. (12 421 0123 ; www.lochcamelot.com.pl ; ul Św Tomasza 17 ; 9h-minuit ; ; 2, 4, 14, 18, 20, 24)

Lindo

GAY ET LESBIEN

27 PLAN P. 60, E2

Chose assez rare dans la Vieille Ville, ce bar et café *gay-friendly* est facilement accessible à pied depuis la place du marché principal. Aménagé sur deux niveaux, avec une grande cave qui s'enflamme les soirs de week-end. Personnel aimable et accueillant. (☎798 648 143 ; www.facebook.com/LindoKrakow ; ul Sławkowska 23 ; 🕒16h-2h mar-sam, 16h-minuit dim-lun ; wifi ; tram 2, 4, 14, 18, 20, 24, 44)

Café Philo

CAFÉ

28 PLAN P. 60, G4

Sur les murs de brique noire s'alignent des rangées de disques et de livres écornés. Si la clientèle et les serveurs enjoués ne détrompaient pas cette impression, on pourrait presque croire que les intellectuels qui occupent les fauteuils de cuir usé sont en train de conspirer une révolution. (☎513 067 996 ; www.facebook.com/PhiloKrakow ; ul Św Tomasza 30 ; 🕒24h/24 ; wifi ; tram 3, 10, 24, 52)

Spokój

BAR

29 PLAN P. 60, C5

La jeunesse branchée de Cracovie fréquente ce bar rétro discret. Dans un décor coloré, avec mobilier dépareillé et teinte orange omniprésente, vous vous laisserez bien vite tomber dans un canapé bas, conquis par l'ambiance *seventies* des lieux. Si l'expérience vous tente, rendez-vous au fond du passage voûté à Bracka 3, puis montez les quelques marches. (☎501 652 478 ; www.facebook.com/spokojcisza ; ul Bracka 3-5 ; 🕒10h-3h lun-ven, midi-3h sam-dim ; wifi ; tram 1, 6, 8, 13, 18)

Statue de Piotr Skrzynecki, café Vis-à-Vis

Pauza

BAR

30 PLAN P. 60, E5

Gravissez une volée d'escaliers dans le **Pasaż Bielaka** (535 519 602 ; www.facebook.com/PasazBielaka ; 16h-2h dim-jeu, 16h-5h ven-sam ;), et vous pénétrerez dans ce bar très urbain, apprécié et connu pour son ambiance artiste et alternative. (608 601 522 ; www.facebook.com/KlubPauza ; ul Stolarska 5 ; 10h-4h lun-sam, 10h-2h dim ; ; 1, 6, 8, 13, 18)

Feniks

DISCOTHÈQUE

31 PLAN P. 60, D4

Les clubs de Cracovie fleurissent et disparaissent au gré du temps. Mais le Feniks, dissimulé aux abords immédiats de la place centrale, a su rester inchangé depuis l'époque communiste. Les rideaux de velours rouge et les nappes blanches lui confèrent une atmosphère désuète et évoquent les premiers jours du rock'n'roll. (604 234 288 ; feniksklub.com ; ul Św Jana 2 ; 16h-2h mar-mer, 16h-4h jeu, 16h-5h ven-sam ; ; 1, 6, 8, 13, 18)

Klub Społem

DISCOTHÈQUE

32 PLAN P. 60, D2

À côté de la Plac Szczepańska, ce bar-discothèque souterrain semble plus grand qu'il ne l'est réellement. Murs couverts d'objets rappelant le communisme, musique des années 1960 aux années 1990... Un endroit cosy et sympathique pour une soirée danse et bière bon marché. (12 421 7979 ; www.facebook.com/klubspolem ; ul Św Tomasza 4 ; 19h-4h mer-jeu, 19h-5h ven-sam, 19h-3h dim-mar ; 2, 4, 14, 18, 20, 24, 44)

Vis-à-Vis

BAR

33 PLAN P. 60, C4

Ce café-bar sans chaises, repaire notoire de peintres, poètes, chanteurs et acteurs, est connu pour servir la bière la moins chère de la place centrale. La statue en devanture représente Piotr Skrzynecki (1930-1997), figure à l'origine du cabaret voisin et jadis habitué apprécié du Vis-à-Vis. (12 422 6961 ; www.zvis.pl ; Rynek Główny 29 ; 8h-23h ; 1, 6, 8, 13, 18)

Klub Pod Jaszczurami

DISCOTHÈQUE

34 PLAN P. 60, E5

Les photos en noir et blanc des artistes qui se sont produits dans ce club étudiant légendaire depuis les années 1960 témoignent de son prestige. Aujourd'hui, il s'agit à la fois d'un bar et d'une discothèque avec karaoké le week-end, ainsi que, occasionnellement, concerts et autres événements. (791 555 151 ; www.podjaszczurami.pl ; Rynek Główny 8 ; midi-3h jeu-sam, midi-1h dim-mer ; ; 1, 6, 8, 13, 18)

Sortir

Harris Piano Jazz Bar

JAZZ

35 PLAN P. 60, C4

Cave à jazz animée, dans un cadre saisissant et intimiste, au cœur

Les Autrichiens et le Planty

Les origines du **parc Planty** (plan p. 60, F1 ; 2, 4, 6, 8, 13, 14, 18, 19, 20, 24, 44) de Cracovie remontent à l'époque du démembrement du royaume de Pologne, à la fin du XVIIIe siècle, lorsque dans les décennies qui suivirent Cracovie revint aux Autrichiens.

Les nouveaux administrateurs voulurent donner un coup de neuf à l'ancienne capitale polonaise, trop slave et médiévale à leur goût. Afin de la rendre plus conforme au style impérial Habsbourg, ils détruisirent des maisons délabrées, des étables malodorantes et des églises sans charme. À la place apparurent de solides ponts, ainsi qu'un réseau d'égouts et de caniveaux.

Les travaux de rénovation visèrent en priorité les fortifications médiévales. La barricade érigée cinq siècles auparavant ne protégeait plus efficacement les habitants contre l'artillerie et les tactiques de siège modernes. Les murs d'enceinte, les tours et les portes furent démontés, et les fossés et les douves furent remblayés pour céder la place à une nouvelle barrière verte : le Planty. Depuis les années 1820, le parc est l'endroit idéal pour se rafraîchir en été à l'ombre des peupliers, allongé sur la belle pelouse.

de la place du marché principal. Groupes de jazz et de blues presque tous les soirs à partir de 21h30 environ (arrivez une heure avant si vous voulez un siège ou réservez par téléphone). Jam-session le mercredi soir (entrée libre). (12 421 5741 ; harris.krakow.pl ; Rynek Główny 28 ; billets 20-80 zł ; 11h-2h ; 1, 6, 8, 13, 18)

Piwnica Pod Baranami

MUSIQUE LIVE

36 PLAN P. 60, C4

Cette "cave sous les béliers" s'est forgée une fameuse réputation de "cabaret littéraire" à son ouverture, en 1956. Aujourd'hui, la programmation est assez intermittente, mais le lieu continue à accueillir un festival de jazz en juillet, ainsi que plusieurs autres concerts et spectacles de cabaret toute l'année. (12 421 2500 ; www.piwnicapodbaranami.pl ; Rynek Główny 27 ; billets 20-30 zł ; 11h-2h ; 1, 6, 8, 13, 18)

Stary Teatr

THÉÂTRE

37 PLAN P. 60, C3

La compagnie de théâtre la plus célèbre de Cracovie attire les meilleurs acteurs. Pour surmonter la barrière de la langue, choisissez dans le répertoire une pièce classique que vous connaissez bien et laissez-vous emporter par la représentation en polonais.

La billetterie est située sur la Plac Szczepański. (☎12 422 9080 ; stary.pl ; ul Jagiellońska 1 ; tarif plein/réduit 70/40 zł ; 🕒 billetterie 11h-19h lun-sam, 11h-15h30 dim ; 🚋2, 4, 14, 18, 20, 24)

Teatr im Słowackiego — OPÉRA, THÉÂTRE

38 ★ PLAN P. 60, G2

Ce grand théâtre propose surtout des classiques polonais et de grosses productions. L'imposant et opulent bâtiment de 1893 se dresse au nord-est de la place du marché principal. Les représentations sont souvent surtitrées. (☎12 424 4528 ; teatrwkrakowie.pl ; Plac Św Ducha 1 ; billets 30-70 zł ; 🕒billetterie 10h-19h lun-sam ; 🚋2, 4, 14, 18, 20, 24, 44)

Jazz Club U Muniaka — JAZZ

39 ★ PLAN P. 60, E4

Fondé par le saxophoniste Janusz Muniak, ce club de jazz souterrain est réputé dans toute la Pologne. Il propose des concerts plusieurs soirs par semaine à partir de 21h30. (☎12 423 1205 ; jazzumuniaka.club ; ul Floriańska 3 ; billets 25-40 zł ; 🕒19h-tard ; 📶 ; 🚋2, 4, 14, 18, 20, 24, 44)

Piano Rouge — JAZZ

40 ★ PLAN P. 60, E4

Installé dans une cave, ce somptueux club de jazz et restaurant est un amoncellement de canapés à l'ancienne, de velours rouge, d'abat-jour extravagants et de longues étoffes de soie colorées. Concerts de jazz

Jazz Club U Muniaka

tous les soirs autour de 21h. (12 431 0333 ; www.thepianorouge.com.pl ; Rynek Główny 46 ; 9h30-minuit ; 1, 6, 8, 13, 18)

Szpitalna 1

MUSIQUE LIVE

41 PLAN P. 60, F4

Brillant club musical et bar à cocktails, avec une programmation éclectique incluant électro, rock et parfois des soirées de stand-up. La carte des cocktails est tout aussi variée, avec nombre de classiques éprouvés : piña colada, mai tai, brandy alexander et daïquiri. Calendrier et prix consultables sur la page Facebook. (12 430 6661 ; www.facebook.com/szpitalna1 ; ul Szpitalna 1 ; billets 20-25 zł ; 16h-minuit lun-mer, 16h-3h jeu, 16h-7h ven, 13h-7h sam, 13h-1h dim ; 2, 4, 14, 18, 20, 24, 44)

Shopping

Galeria Dyląg

GALERIE D'ART

42 PLAN P. 60, G4

Cette petite galerie d'art sélecte expose des artistes polonais modernes, des années 1940 aux années 1970. Vous y verrez notamment des toiles polonaises de la fin des années 1950 réalisées par projection de peinture, qui évoquent Jackson Pollock. La plupart des œuvres en vente sont signées par des artistes aujourd'hui exposés dans des musées. (12 431 2521 ; www.dylag.pl ; ul Św Tomasza 22 ; midi-18h lun-ven ; 3, 10, 24, 52)

Galeria Plakatu

GALERIE D'ART

43 PLAN P. 60, E5

La Pologne a toujours excellé dans l'art méconnu des affiches de cinéma. Cette boutique est la meilleure adresse de Cracovie pour trouver un large choix de belles affiches, créées par une sélection des graphistes polonais les plus en vogue. (12 421 2640 ; cracowpostergallery.com ; ul Stolarska 8-10 ; midi-17h lun-ven, 11h-14h sam ; 1, 6, 8, 13, 18)

Kacper Ryx

CADEAUX ET SOUVENIRS

44 PLAN P. 60, F4

Un lieu qui saura répondre à tous vos besoins en matière de cadeaux et souvenirs. Articles en bois sculpté de qualité, poteries, chemises et robes traditionnelles... Tout ce qui peut rentrer dans votre valise y est. Entrée par la **maison des Hipolit** (Kamienica Hipolitów ; 12 422 4219 ; www.muzeumkrakowa.pl ; tarif plein/réduit 10/8 zł, gratuit mer ; 10h-17h30 mer-dim), à côté, qui appartient au Musée historique de la ville de Cracovie et abrite des reconstitutions fidèles d'intérieurs de maisons de ville polonaises du XVIe au début du XIXe siècle. (12 426 4549 ; www.kacperryx.pl ; Plac Mariacki 3 ; 11h-19h lun-ven, 11h-18h sam, midi-17h dim ; 1, 6, 8, 13, 18)

Salon Antyków Pasja

ANTIQUAIRE

45 PLAN P. 60, C4

Horloges, cartes, tableaux, lampes, sculptures et meubles se bousculent dans les trois salles

Piano Rouge (p. 73)

de ce salon d'objets anciens, bien implanté. Un vrai petit musée, à ceci près que vous pourrez en repartir avec l'objet qui aura su vous plaire ! (☎12 429 1096 ; www.antykwariat-pasja.pl ; ul Jagiellońska 9 ; ⏰11h-19h lun-ven, 11h-16h sam ; 🚊2, 4, 14, 18, 20, 24, 44)

Rubin

BIJOUX

46 PLAN P. 60, D3

Jolie sélection de bijoux anciens (dont de nombreuses pièces en ambre), de cuillères en argent, de bagues et de montres. (☎12 422 9140 ; www.rubin.com.pl ; ul Sławkowska 1 ; ⏰11h-17h lun-ven ; 🚊2, 4, 14, 18, 20, 24, 44)

Boruni

BIJOUX

47 PLAN P. 60, E3

Cet empire commercial en devenir est un paradis pour les amoureux de l'ambre. Vitrine après vitrine, on y admire bagues, colliers, broches et boucles d'oreilles en succin, et un petit musée (gratuit) explique la taille, le polissage et le sertissage de l'ambre. Un certificat d'authenticité est fourni pour chaque achat. Une succursale et galerie existe à ul Grodzka 60. (☎601 824 646 ; www.ambermuseum.eu ; ul Św Jana 4 ; ⏰9h-20h ; 🚊1, 6, 8, 13, 18)

ŻYWIEC
ŻYWIEC

Explorer
Kazimierz

Kazimierz existe depuis sept cents ans et a longtemps été une ville indépendante, avec sa propre charte municipale et ses lois. Ses communautés juive et chrétienne y vécurent côte à côte des siècles durant. De nos jours, le quartier présente deux facettes : il rassemble les plus importants sites du patrimoine juif de la ville, mais aussi ses cafés, restaurants et discothèques les plus courus.

Notre sélection

- ***Musée juif de Galicie (p. 78)***. *Les photos de ce musée vous inviteront à une réflexion sur le sort des Juifs de la région.*
- ***Vieille Synagogue (p. 86)***. *Découvrez les rituels qui occupèrent pendant des siècles une importante partie de la vie des Juifs.*
- ***Cimetière Remuh (p. 86)***. *Voyagez quatre cents ans en arrière, jusqu'aux débuts du Kazimierz juif, à la Renaissance.*
- ***Synagogue Tempel (p. 86)***. *Admirez la restauration de l'édifice à son éclat du milieu du XIXe siècle.*
- ***Église du Très-Saint-Corps-du-Christ (p. 86)***. *Émerveillez-vous du mariage entre architecture gothique et ornementation baroque qu'offre cette église.*

Comment y aller et circuler

Les lignes n°s 3, 19 et 24 desservent l'est de Kazimierz, près de l'ancien ghetto juif.

Les lignes n°s 6, 8, 10 et 13 gagnent l'ouest du quartier, près de la Plac Wolnica.

Plan du quartier p. 84

Café de Kazimierz JAROSLAV MORAVCIK/SHUTTERSTOCK ©

Les incontournables

Musée juif de Galicie

Ce musée a choisi une approche alternative pour explorer l'histoire juive et l'impact de la Shoah. Plutôt que de se focaliser sur des objets du passé, les expositions sont organisées autour de centaines de photographies contemporaines de lieux qui revêtirent un rôle important pour la culture et le patrimoine juifs. Ce dispositif vise à permettre aux visiteurs d'entrevoir le passé à travers leur regard d'aujourd'hui.

PLAN P. 84, H4

Żydowskie Muzeum Galicja

12 421 6842

www.galiciajewishmuseum.org

Ul Dajwór 18

Tarif plein/réduit 16/11 zł

10h-18h

3, 19, 24

"Les Traces de la mémoire"

La pièce maîtresse du musée est la poignante **exposition permanente** de photographies intitulée "Les Traces de la mémoire : un regard contemporain sur le passé juif en Pologne". Fruit de la collaboration du photographe Chris Schwarz et de Jonathan Webber, elle s'attache à montrer l'héritage actuel de la communauté juive de Galicie, jadis prospère.

"Une mémoire inachevée"

L'**exposition** "Une mémoire inachevée : le patrimoine juif et l'Holocauste en Galicie orientale" recourt aux mêmes techniques pour explorer l'histoire juive, mais repousse la limite géographique à la Galicie orientale (la partie occidentale de l'Ukraine). S'appuyant sur des photos et des textes de Jason Francisco, elle met en évidence l'influence de l'héritage juif dans la région.

Expositions temporaires

Le musée s'est aussi forgé une réputation par ses **expositions temporaires**, qui font honneur à son objectif de mémoire. Parmi les événements passés, nous retenons une série de témoignages vidéo de survivants de la Shoah, et une exposition sur les "Héros polonais : ceux qui ont secouru des Juifs".

Programme culturel

Ce musée va au-delà de ce que proposent d'ordinaire les musées d'histoire : il produit des représentations théâtrales et musicales dont il fait une promotion active. Beaucoup sont programmées pour coïncider avec les festivals de la ville, comme le festival de la Culture juive (fin juin-début juillet ; p. 24). Consultez le site Internet.

★ À savoir

- Le musée abrite aussi l'une des meilleures librairies du quartier, avec des ouvrages sur l'histoire de la Pologne et de la Galicie, le judaïsme et la Shoah.
- Il organise également des visites guidées de Kazimierz et de Podgórze, et certaines comprennent même le mémorial et musée d'Auschwitz-Birkenau, plus éloigné.
- Le Musée juif de Galicie est l'un des rares musées importants de Cracovie à ouvrir le lundi toute l'année.

Une petite pause ?

Le musée possède son propre café.

Tout près, le **Bagelmama** (plan p. 84, H3 ; ☎12 346 1646 ; www.facebook.com/bagelmama ; ul Dajwór 10b ; bagels 15-20 zł ; 9h-17h ; 3, 19, 24) propose d'excellents bagels et du café à emporter. On y sert aussi des repas légers.

Promenade à pied

Kazimierz chrétien et juif

La plupart des circuits se concentrent uniquement sur la dimension juive du quartier, mais, au fil des siècles, Kazimierz a aussi hébergé d'importantes communautés chrétiennes. Cette promenade illustre cette remarquable diversité.

La promenade

Départ Église des Paulins Saint-Michel-et-Saint-Stanislas

Arrivée Musée juif de Galicie

Distance 3 km

Durée 2 heures

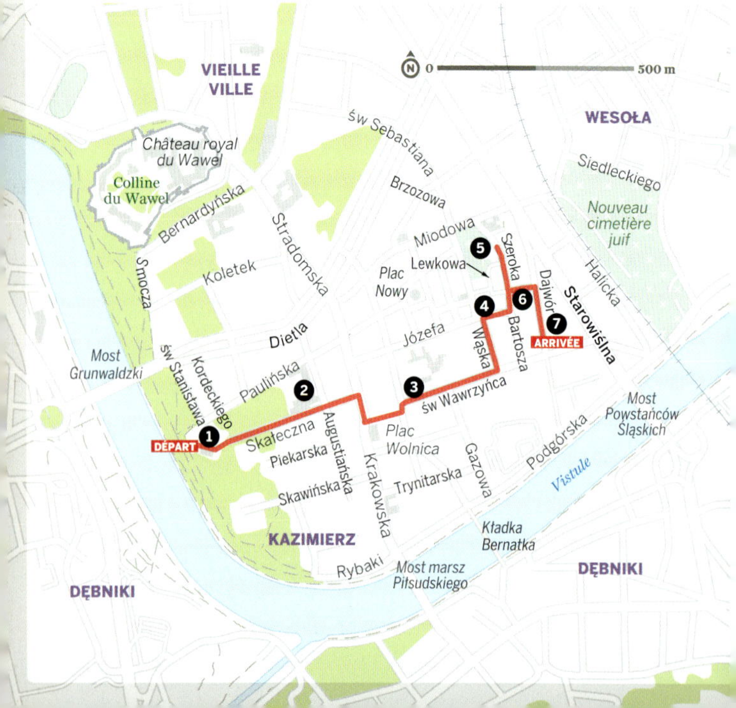

❶ Vieux monastère

Admirez d'abord l'impressionnante église des Paulins Saint-Michel-et-Saint-Stanislas (p. 89), qui domine la Vistule avec son extérieur baroque du milieu du XVIIIe siècle (lequel cache en son sein une histoire bien plus ancienne). La crypte située sous l'entrée principale contient les dépouilles d'éminentes figures culturelles, dont l'écrivain et Prix Nobel Czesław Miłosz (1911-2004).

❷ Splendeur gothique

Suivez l'étroite voie qui s'étire vers l'est jusqu'à l'imposante **église Sainte-Catherine** (plan p. 84, D5 ; Kościół św Katarzyny ; ☎12 430 6242 ; www.parafia-kazimierz.augustianie.pl ; ul Augustiańska 7 ; ⏲10h-16h lun-ven, 11h-14h sam ; 🚋6, 8, 10, 13). Cet édifice date du tout début du XIVe siècle, quand Kazimierz était une ville distincte de Cracovie. La façade gothique n'a pas changé, et le spacieux intérieur accueille concerts et autres festivités.

❸ Église paroissiale

Traversez ul Krakowska, très animée, puis la Plac Wolnica pour découvrir un autre joyau gothique : l'église du Très-Saint-Corps-du-Christ (p. 86), de 1340. Elle était la principale église de la paroisse de Kazimierz. Contrastant avec la sévère façade gothique, l'intérieur est de style baroque, avec des vitraux du début du XVe siècle.

❹ Entrée du quartier juif

En progressant vers l'est sur ul Św Wawrzyńca, quittez le secteur historiquement chrétien et gagnez l'ancien quartier juif. Prenez ul Wąska sur votre gauche pour apercevoir la surprenante façade de la Haute Synagogue (p. 87). Aujourd'hui inactive, elle sert de cadre à une exposition photographique intéressante, située au deuxième niveau.

❺ Cimetière de la Renaissance

Suivez de tortueuses ruelles vers l'est jusqu'à ul Szeroka, traditionnel centre du quartier juif. La synagogue Remuh (p. 88), du XVIe siècle, et son cimetière attenant se tiennent près de l'extrémité nord,

❻ Objets sacrés

Datant du XVe siècle, la Vieille Synagogue (p. 86) porte bien son nom : elle est la plus ancienne du pays. À l'intérieur, un musée propose une excellente introduction à l'histoire et aux objets sacrés du judaïsme local.

❼ Photos et émotion

Tout de suite à la sortie du principal quartier juif, le long d'ul Dajwor, une rue quelque peu sordide, vous verrez le Musée juif de Galicie (p. 78). À l'aide de photographies et de textes, ce lieu vise à réconcilier l'héritage juif perdu de la ville (et de la région) avec l'époque moderne.

Promenade à pied

Galeries d'art de Kazimierz

Vous trouverez à Kazimierz un grand nombre de commerces atypiques et de galeries, bien plus intéressants que les magasins de souvenirs et d'ambre. Les loyers, en hausse mais encore abordables, permettent à des créateurs d'ouvrir leur boutique et à des collectionneurs de vendre des antiquités à des prix dérisoires (mais il faut avoir l'œil pour dénicher les vraies bonnes affaires).

La promenade

Départ Galerie Sztuki Raven

Arrivée Błażko Jewellery Design

Distance 3 km

Durée 3 heures

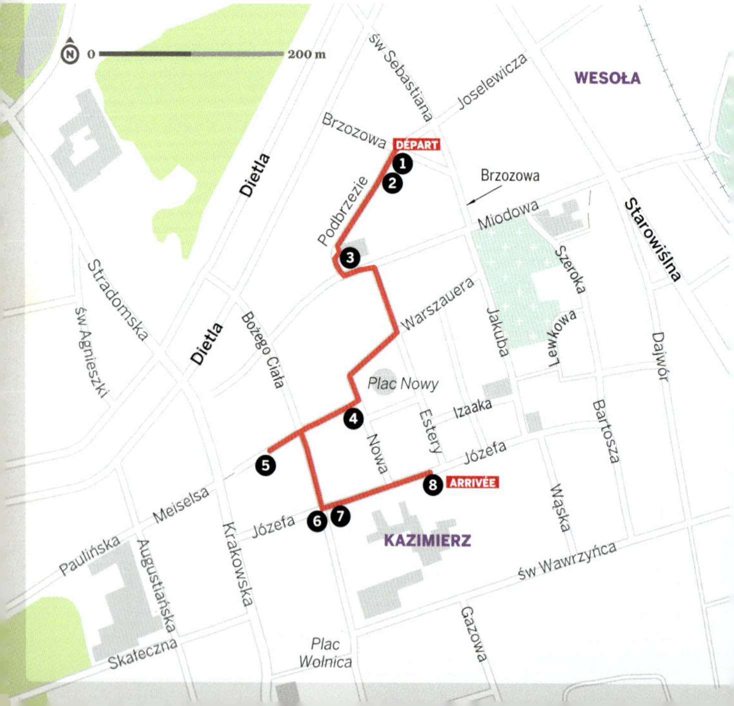

❶ Du cubisme à l'époque moderne

Zofia Kruk, conservatrice d'art, a réuni dans sa **Galeria Sztuki Raven** (☎12 431 1129 ; www.raven.krakow.pl ; ul Brzozowa 7 ; ⏲11h-18h lun-ven, 11h-15h sam ; 🚋17, 22, 52) une petite mais impressionnante collection de tableaux polonais des années 1930 à nos jours. Les prix sont élevés, mais la qualité les justifie.

❷ "Vieux magasin"

Contrepoids à sa voisine artiste haut de gamme, l'archaïque Stary Sklep (p. 99) se joue de la mince frontière qui sépare l'antiquaire du bric-à-brac. Y fureter est un plaisir.

❸ Cartes postales anciennes

La **Galeria LueLue** (☎728 551 024 ; www.luelue.pl ; ul Miodowa 22 ; ⏲11h-19h ; 🚋17, 22, 52) est spécialisée dans les photographies anciennes, notamment de superbes images en noir et blanc de la vie à Cracovie dans les années 1920 et 1930. La plupart sont des copies à prix abordable, mais il y a aussi quelques tirages originaux.

❹ Amas de souvenirs

Au sous-sol de la fondation du Judaïsme, Antykwariat na Kazimierzu (p. 99) expose à la curiosité toutes sortes d'effets personnels abandonnés au fil des siècles : tableaux, posters, bijoux, etc.

❺ Mode rétro

Vanilla (☎500 542 114 ; ul Meiselsa 7 ; ⏲11h-19h lun-ven, 11h-16h sam, 10h-15h dim ; 🚋6, 8, 10, 13), boutique spécialisée dans les vêtements d'occasion, vend du prêt-à-porter féminin de créateurs de luxe célèbres dans le monde entier, à des prix sacrifiés.

❻ Design contemporain

Marka (☎602 415 089 ; markadesignstore.pl ; ul Józefa 5 ; ⏲midi-18h ; 🚋6, 8, 10, 13) se décrit comme une "boutique concept", et se fait fort de promouvoir le meilleur du design polonais en matière d'affiches, lampes, verreries, meubles et objets pour la maison.

❼ Retour vers le futur

L'époque communiste fut étonnamment féconde en matière de design et de décoration d'intérieur. L'inventaire de l'antenne **Szpeje** (☎798 504 458 ; www.szpeje.com ; ul Józefa 9 ; ⏲midi-19h jeu-dim ; 🚋6, 8, 10, 13) à Kazimierz prouve que certaines n'ont rien perdu de leur modernité.

❽ Bijoux haut de gamme

Les fascinantes créations de Grzegorz Błażko sont visibles à **Błażko Jewellery Design** (☎579 056 456 ; www.blazko.pl ; ul Józefa 11 ; ⏲11h-19h lun-ven, 11h-15h sam ; 🚋 6, 8, 10, 13), un petit atelier sur ul Józefa, au cœur du quartier des galeries de Kazimierz.

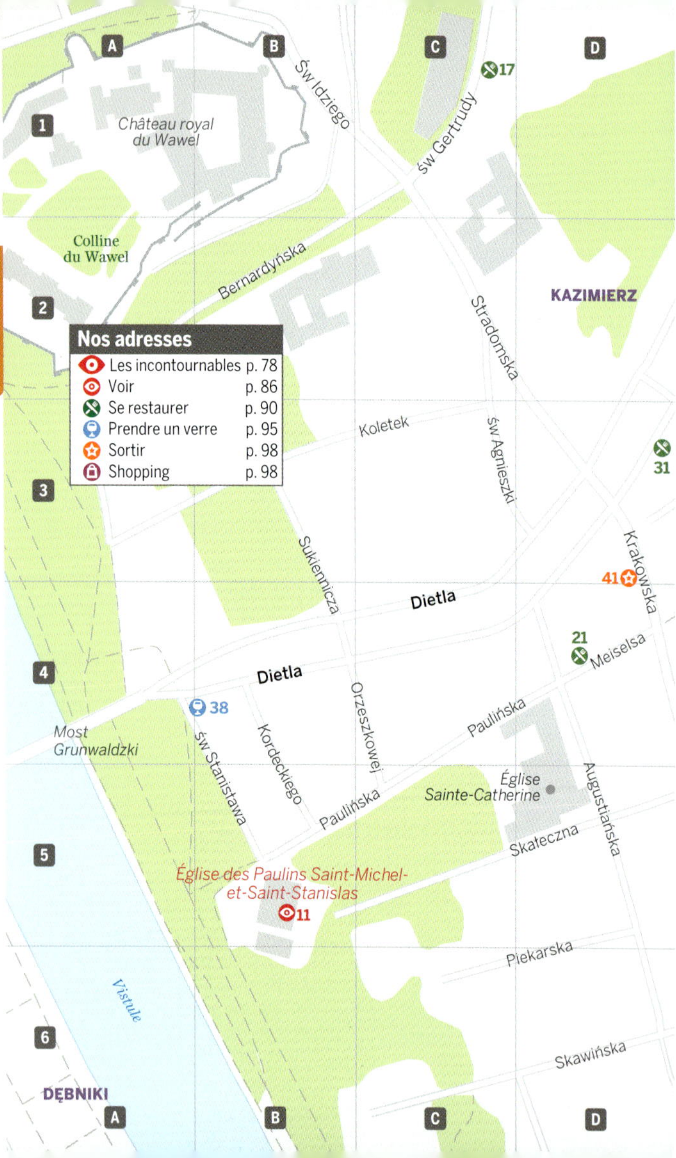
Nos adresses
Les incontournables p. 78
Voir p. 86
Se restaurer p. 90
Prendre un verre p. 95
Sortir p. 98
Shopping p. 98
Château royal du Wawel
Colline du Wawel
KAZIMIERZ
DĘBNIKI
Vistule
Most Grunwaldzki
Église Sainte-Catherine
Église des Paulins Saint-Michel-et-Saint-Stanislas
Św Idziego
św Gertrudy
Bernardyńska
Stradomska
Koletek
św Agnieszki
Sukiennicza
Dietla
Krakowska
Meiselsa
Paulińska
Orzeszkowej
Kordeckiego
św Stanisława
Augustiańska
Skałeczna
Piekarska
Skawińska
17
31
41
21
38
11
A
B
C
D
1
2
3
4
5
6

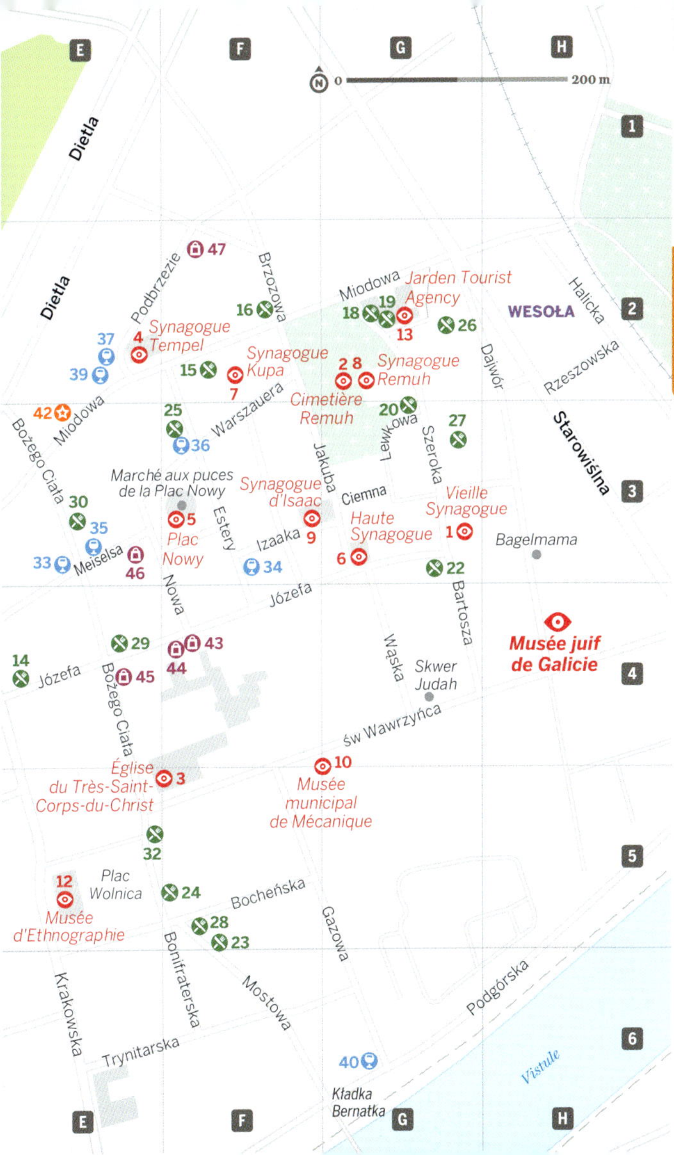
E
F
G
H
0
200 m
1
2
3
4
5
6
Dietla
Dietla
Podbrzezie
47
Brzozowa
16
Miodowa
Jarden Tourist Agency
18
19
13
26
WESOŁA
Halicka
37
4
Synagogue Tempel
39
15
Synagogue Kupa
7
2
8
Synagogue Remuh
Dajwór
Rzeszowska
42
Miodowa
25
Warszauera
Cimetière Remuh
20
Lewkowa
27
Starowiślna
Bożego Ciała
36
Szeroka
Jakuba
Marché aux puces de la Plac Nowy
Synagogue d'Isaac
Ciemna
Vieille Synagogue
30
5
Estery
35
Plac Nowy
Izaaka
9
Haute Synagogue
1
Bagelmama
33
Meiselsa
46
34
6
22
Nowa
Józefa
Bartosza
Musée juif de Galicie
29
43
14
Józefa
Bożego Ciała
45
44
Wąska
Skwer Judah
św Wawrzyńca
Église du Très-Saint-Corps-du-Christ
3
10
Musée municipal de Mécanique
32
12
Plac Wolnica
24
Bocheńska
Musée d'Ethnographie
28
23
Gazowa
Bonifraterska
Mostowa
Krakowska
Podgórska
Trynitarska
40
Vistule
Kładka Bernatka

Voir

Vieille Synagogue

MUSÉE

1 PLAN P. 84, G3

Cette synagogue datant du XVe siècle est le plus ancien lieu de culte juif subsistant en Pologne. Durant la Seconde Guerre mondiale, elle fut pillée et partiellement détruite par les Allemands, mais restaurée plus tard. Une collection d'objets liturgiques d'importance est exposée dans la salle de prière, qui a retrouvé sa *bimah* (estrade centrale d'où la Torah est lue) et son *aron kodesh* d'origine (arche sainte creusée dans le mur est, où sont conservés les rouleaux de la Torah). (Synagoga Stara ; 12 422 0962 ; www.muzeumkrakowa.pl ; ul Szeroka 24 ; tarif plein/réduit 11/9 zł, gratuit lun ; 10h-14h lun, 9h-17h mar-dim ; 3, 19, 24)

Cimetière Remuh

CIMETIÈRE

2 PLAN P. 84, G2

Juste derrière la synagogue Remuh (p. 88), le cimetière du même nom date du XVIe siècle. Il fut fermé aux enterrements pour des raisons d'hygiène au XVIIIe siècle, lorsqu'un nouveau cimetière (p. 129), plus vaste, fut aménagé. Les occupants nazis saccagèrent et rasèrent des sépultures, mais les travaux de conservation entrepris après la guerre mirent au jour près de 700 tombes, dont certaines sont de magnifiques exemples Renaissance. Entrée à la synagogue incluse. (Cmentarz Remuh ; 12 429 5735 ; www.krakow.jewish.org.pl ; ul Szeroka 40 ; tarif plein/réduit 10/5 zł ; 9h-18h lun-jeu ; 3, 19, 24)

Église du Très-Saint-Corps-du-Christ

ÉGLISE

3 PLAN P. 84, F5

Construite en 1340 à l'angle nord-est de la Plac Wolnica, cette église fut la première de Kazimierz et demeura longtemps l'église paroissiale de Cracovie. L'intérieur, essentiellement baroque, renferme un maître-autel gigantesque, d'extraordinaires stalles sculptées dans le chœur et une chaire en forme de bateau. Remarquez les vitraux d'origine du début du XVe siècle dans le sanctuaire, et le crucifix qui surmonte le chœur. (Parafia Bożego Ciała w Krakowie ; 12 430 5995 ; www.bozecialo.net ; ul Bożego Ciała 26 ; 7h-19h ; 6, 8, 10, 13)

Synagogue Tempel

SYNAGOGUE

4 PLAN P. 84, E2

L'une des synagogues les plus frappantes du quartier. Bâtie dans le style maure au milieu du XIXe siècle, elle fut en partie détruite par l'armée allemande durant la Seconde Guerre mondiale et bénéficia d'une fastueuse rénovation il y a une vingtaine d'années. Actuellement quasi inactive, elle accueille toutefois des concerts et autres événements ponctuels. (Synagoga Tempel ; 12

430 5411 ; www.krakow.jewish.org.pl ; ul Miodowa 24 ; tarif plein/étudiant 10/5 zł ; 9h-15h lun-ven ; 3, 17, 19, 22, 24, 52)

Plac Nowy

PLACE

5 PLAN P. 84, F3

Avec sa remarquable rotonde du début du XXe siècle, cette place très fréquentée marque le centre de Kazimierz. Foyer commerçant de l'ancien quartier juif, elle offre de nos jours des bars où se détendre, en dégustant éventuellement une *zapiekanka* (demi-baguette garnie entre autres de fromages gratinés ; p. 91) achetée aux étals de la rotonde. Par temps ensoleillé, un marché aux puces s'improvise sur la place ; on y vend fruits, légumes et articles ménagers d'occasion. (Plac Nowy ; gratuit ; 6, 8, 10, 13)

Haute Synagogue

SYNAGOGUE

6 PLAN P. 84, G3

Cet ancien lieu de culte, bâti vers 1560 dans un style Renaissance, est la troisième plus ancienne synagogue après la Vieille Synagogue et la synagogue d'Isaac (p. 89). La Haute Synagogue doit son nom au fait que la salle de prière se trouvait au 1er étage. Elle n'est plus aujourd'hui en activité, mais héberge une exposition photographique permanente sur les familles de Kazimierz. Le rez-de-chaussée, qui accueille une succursale de la chaîne de librairies juives Austeria (p. 98), était occupé par des boutiques. (Synagoga Wysoka ; 12 430 6889 ; www.krakow.jewish.org.pl ; ul Józefa 38 ; tarif plein/réduit 12/9 zł ; 9h30-19h ; 3, 19, 24)

Plac Nowy

Brève histoire de Kazimierz

Si Kazimierz semble aujourd'hui parfaitement intégré à Cracovie, il n'en fut pas toujours ainsi. Lors de sa fondation, au XIVe siècle, le quartier constituait une ville à part entière, et le resta durant plusieurs siècles.

Au début du XVIe siècle, des familles juives immigrèrent en nombre à Kazimierz, où résidait une importante et croissante population catholique. Ces deux groupes restèrent bien distincts, mais cohabitèrent (la plupart du temps en paix) au fil des siècles.

La communauté juive locale fut détruite par l'occupation allemande pendant la Seconde Guerre mondiale, et Kazimierz fut par la suite laissé à l'abandon.

Sous l'ère communiste, le quartier resta négligé et tomba peu à peu en décrépitude. Puis, au début des années 1990, Steven Spielberg vint y tourner *La Liste de Schindler*, ce qui donna le coup d'envoi du renouveau. Ces vingt dernières années, les discothèques et les bars ont fait leur retour à Kazimierz, qu'étudiants et travailleurs ont repeuplé de manière permanente.

Synagogue Kupa SYNAGOGUE

7 PLAN P. 84, F2

Cette petite synagogue, à l'origine un hôpital, date du milieu du XVIe siècle. En partie intégrée aux remparts de Kazimierz (toujours visibles aujourd'hui), elle fut pillée durant la Seconde Guerre mondiale, puis restaurée au début du XXIe siècle seulement. Particularités notables : les riches fresques de plafonds des années 1920, ainsi que quelques peintures du zodiaque singulières. Dans l'ancienne galerie des femmes (à l'étage), une petite exposition est consacrée à la vie des Juifs en Pologne après la guerre. (Synagoga Kupa ; 12 429 5735 ; www.krakow.jewish.org.pl ; ul Warszauera 8, entrée par ul Miodowa 27 ; tarif plein/étudiant 6/3 zł ; 9h30-16h ven, 9h30-18h sam-jeu ; 3, 19, 24)

Synagogue Remuh SYNAGOGUE

8 PLAN P. 84, G2

La synagogue Remuh, située près de l'extrémité nord d'ul Szeroka, est la plus petite du quartier et l'une des deux seules qui accueillent des services religieux. Elle fut construite en 1558 par un riche marchand, Israel Isserles, et est aussi associée à son fils Rabbi Moses Isserles, philosophe et érudit. Le tarif d'entrée inclut l'accès au cimetière adjacent (p. 86). (Bożnica Remuh ; 12 429 5735 ; www.krakow.jewish.org.pl ; ul Szeroka 40 ; tarif plein/réduit 10/5 zł ; 9h-18h dim-jeu ; 3, 19, 24)

Synagogue d'Isaac SYNAGOGUE

9 PLAN P. 84, F3

À l'extrémité sud-ouest du cimetière Remuh s'élève la plus grande synagogue de Cracovie, achevée en 1638. En partie détruite pendant la Seconde Guerre mondiale, elle fut ensuite affectée à divers usages avant d'être rendue à la communauté juive en 1989. L'intérieur conserve des vestiges des fresques et moulures d'origine. L'édifice a été restauré et héberge désormais une exposition modeste intitulée "En mémoire des Juifs polonais". Petite boutique alimentaire kasher sur place. (Synagoga Izaaka ; 12 430 2222 ; www.krakow.jewish.org.pl ; ul Jakuba 25, entrée par ul Kupa 18 ; tarif plein/réduit 10/5 zł ; 8h30-14h30 ven, 8h30-18h dim-jeu ; 3, 19, 24)

Musée municipal de Mécanique MUSÉE

10 PLAN P. 84, G4

La cour de cet ancien dépôt est remplie de tramways et de camions, tandis que l'intérieur recèle une belle collection de voitures et de motos. Salle d'expériences autour de l'eau et du magnétisme, quiz scientifiques interactifs... Les enfants seront occupés à coup sûr. Un grand remaniement étant en cours, certaines salles et expositions seront peut-être fermées lors de votre visite. Le musée est prisé, surtout le week-end : réservez *via* le site Internet. (Muzeum Inżynierii Miejskiej ; 12 428 6600 ; www.mim.krakow.pl ; ul Św Wawrzyńca 15 ; adulte/enfant 15/10 zł, gratuit mar ; 9h-16h mar-jeu, 9h-18h ven, 10h-18h sam-dim ; ; 3, 19, 24)

Église des Paulins Saint-Michel-et-Saint-Stanislas ÉGLISE

11 PLAN P. 84, B5

Ce monastère et sanctuaire religieux en activité, surnommé Skałka à Cracovie, remonte aux débuts du royaume de Pologne. L'évêque Stanisław (Stanislas) Szczepanowski, plus tard proclamé saint patron de la Pologne, y fut décapité en 1079 sur ordre du roi Bolesław Śmiały (Boleslas le Hardi) ; le billot qui servit à l'exécution se trouve à côté de l'autel. L'église doit son allure baroque à une refonte du milieu du XVIIIe siècle. La crypte (fermée de décembre à février) renferme les tombes de plusieurs grands noms de la culture, dont le Prix Nobel Czesław Miłosz (1911-2004), écrivain et poète. (Skałka ; 12 619 0900 ; www.skalka.paulini.pl ; ul Skałeczna 15 ; 9h-19h ; 6, 8, 10, 13)

Musée d'Ethnographie MUSÉE

12 PLAN P. 84, E5

L'exposition permanente de ce musée présente des reconstitutions d'intérieurs traditionnels polonais (fermes, ateliers), ainsi que des costumes, des collections d'objets artisanaux, d'extraordinaires scènes de la Nativité, et des tableaux et gravures sur bois folkloriques et religieux. Il est installé dans l'ancien hôtel de ville de Kazimierz, qui fut construit à la fin du XIVe siècle, puis agrandi au XVIe siècle, se parant au passage d'attributs Renaissance. (Muzeum Etnograficzne ; 12 430 5575 ; www.etnomuzeum.eu ; Plac Wolnica 1 ; tarif plein/réduit 13/7 zł, gratuit dim ; 11h-19h mar-dim ; 6, 8, 10, 13)

Jarden Tourist Agency

CULTURE

13 PLAN P. 84, G2

Nombreux circuits sur le thème du judaïsme, dont des visites à pied de Kazimierz et Podgórze (2/3 heures), ainsi qu'une excursion en voiture très courue (2 heures) qui présente les sites popularisés par le film *La Liste de Schindler*. Les tarifs (50-100 zł/pers) dépendent du nombre de participants. (12 421 7166 ; www.jarden.pl ; ul Szeroka 2 ; 9h-18h lun-ven, 10h-18h sam-dim ; 3, 19, 24)

Se restaurer

Youmiko Sushi

JAPONAIS €€

14 PLAN P. 84, E4

Dans un cadre détendu, ce petit comptoir et ses quelques tables voient défiler les meilleurs sushis de Kazimierz. Beaucoup de variantes végétaliennes, et menu entièrement végétalien le dimanche. (666 471 176 ; www.facebook.com/YoumikoSushi ; ul Józefa 2 ; assortiments de sushis 25-40 zł ; 13h30-21h lun-jeu, 13h30-22h ven-sam, 13h30-20h dim ; ; 6, 8, 10, 13)

Sąsiedzi

POLONAIS €€

15 PLAN P. 84, F2

La parfaite alchimie entre d'admirables plats polonais ainsi qu'internationaux, parmi les meilleurs du quartier, et un service décontracté, sans chichis. Choisissez entre la charmante cave ou le jardin intimiste. L'endroit idéal pour ceux qui rêvent de goûter le sanglier sauvage, les cuisses d'oie confites ou le filet de viande de cheval. Réservation conseillée. (12 654 8353 ; www.sasiedzi.oberza.pl ; ul Miodowa 25 ; plats 40-80 zł ; midi-22h lun-jeu, midi-23h ven-dim ; ; 3, 19, 24)

Karakter

POLONAIS €€

16 PLAN P. 84, F2

Une adresse unique à Kazimierz par son absence de thème particulier. Tout tient à sa carte promettant une approche moderne, avec des animaux entiers en provenance directe de la ferme, et des plats aussi insolites que le ris de cheval à la viennoise et les testicules de taureau. Décor design et minimaliste pour que toute l'attention soit portée à l'assiette. Service brillant. Le menu déjeuner (35 zł) est un bon moyen d'expérimenter certains plats. (795 818 123 ; www.facebook.com/karakter.restauracja ; ul Brzozowa 17 ; plats 40-50 zł ; 17h-23h lun, midi-23h mar-dim ; ; 3, 19, 24)

"Pizza" polonaise et frites belges

Cracovie n'est pas avare en restaurants, mais la plupart des établissements corrects ferment passé 23h. Heureusement, la cuisine de rue prend alors le relais pour apaiser les petits creux de fin de soirée. Kazimierz – en particulier la Plac Nowy – est le siège de la "pizza polonaise", la *zapiekanka*, qui consiste en une demi-baguette garnie de fromage, de jambon et de champignons. Cet en-cas copieux et bon marché se révèle encore meilleur s'il est dégusté après minuit (mais rien ne vous empêche de le dévorer plus tôt !).

Si cette spécialité ne vous tente pas, vous pourrez vous rabattre sur divers *food trucks* de **Skwer Judah** (plan p. 84, G4 ; www.facebook.com/skwerjudah ; ul Św Wawrzyńca 16 ; plats 8-20 zł ; midi-23h lun-jeu, midi-1h ven-sam, midi-22h dim ; 3, 19, 24), une place isolée à quelques rues au sud-est de la Plac Nowy. Plus traditionnel : la saucisse grillée, servie tous les soirs (sauf le dimanche) jusqu'à 3h au stand d'Unitarg Hala Targowa (p. 131), sur un trottoir de l'est de Cracovie.

Restauracja Pod Baranem

POLONAIS €€

17 PLAN P. 84, C1

Exactement le restaurant qui manquait à Cracovie : de belles tables parées de nappes blanches et de bougies, et des œuvres originales aux murs. Les plats polonais sans gluten sont très réussis (*pierogi*, galettes de pomme de terre, côtes de porc). (12 429 4022 ; www.podbaranem.com ; ul Św Gertrudy 21 ; plats 40-70 zł ; midi-22h ; ; 1, 6, 8, 10, 13, 18)

Dawno Temu na Kazimierzu

JUIF €€

18 PLAN P. 84, G2

Sans doute le plus petit et le plus convivial des restaurants à thématique judaïque de Kazimierz. Très bonne cuisine juive polonaise traditionnelle (canard et agneau). Les chandelles et la musique klezmer en font une excellente adresse du quartier. (Il était une fois à Kazimierz ; 12 421 2117 ; www.dawnotemu.nakazimierzu.pl ; ul Szeroka 1 ; plats 20-50 zł ; 10h-22h30 lun-sam, 10h-23h dim ; 3, 19, 24)

Hamsa

JUIF €€

19 PLAN P. 84, G2

Un restaurant annonçant "houmous et bonheur" a d'emblée tout pour plaire. L'intérieur lumineux et épuré contraste agréablement avec la décoration kitsch des autres restaurants juifs du quartier. Large choix de salades orientales, poulet et poisson grillés aux épices, et belle sélection de plats végétariens ainsi que sans gluten. (☎ 515 150 145 ; hamsa.pl ; ul Szeroka 2 ; plats 40-65 zł ; 🕐 10h-22h30 lun-ven, 9h-23h sam-dim ; 📶 🍴 ; 🚋 3, 19, 24)

Szara Kazimierz

POLONAIS €€€

20 PLAN P. 84, G3

Un cran au-dessus de ses concurrents d'ul Szeroka, tant par les prix que par la qualité. C'est un bon endroit pour déguster des plats inspirés par l'héritage juif de Kazimierz, comme l'oie avec viande de lapin, sans être baigné de musique klezmer et entouré d'objets religieux kitsch. Réservez les soirs de week-end. (☎ 12 429 1219 ; www.szarakazimierz.pl ; ul Szeroka 39 ; plats 60-80 zł ; 🕐 11h-23h ; 📶 🍴 ; 🚋 3, 19, 24)

Hummus Amamamusi

MOYEN-ORIENTAL €

21 PLAN P. 84, D4

Alors que le houmous fait son retour à Cracovie, ce minuscule établissement situé du côté ouest de la très passante ul Krakowska a élevé la dégustation de l'humble pâte de pois chiche au rang d'art. Plusieurs parfums, "classiques" ou bien assaisonnés au piment, au raifort ou à l'ail, servis dans des bols comestibles en farine de maïs. (☎ 533 306 288 ; www.hummus-amamamusi.pl ; ul Meiselsa 4 ; plats 20-35 zł ; 🕐 9h-20h lun-ven, 10h-20h sam-dim ; 📶 🍴 ; 🚋 6, 8, 10, 13, 18)

Massolit Cooks

VÉGÉTALIEN €

22 PLAN P. 84, G3

Végétaliens et végétariens raffoleront de ce nouveau venu du quartier juif. Bagels à l'américaine, desserts (comme la tarte à la citrouille) de la boulangerie annexe et plats végétaux délicieux. Ce restaurant au chic élimé fait partie d'une petite chaîne locale. Les amoureux de littérature russe sauront apprécier l'inspiration du nom. (☎ 12 422 1982 ; www.facebook.com/massolitcooks ; ul Józefa 25 ; petit-déj 16-20 zł, plats 18 zł ; 🕐 10h-17h mar-ven, 10h-20h sam-dim ; 📶 🍴 ; 🚋 3, 19, 24)

Marchewka z Groszkiem

POLONAIS €

23 PLAN P. 84, F5

Cuisine polonaise traditionnelle, avec des influences de pays voisins comme l'Ukraine, la Hongrie et la Lituanie. Le menu comprend d'excellentes galettes de pommes de terre et un délicieux ragoût de bœuf sauce raifort. Les tables en extérieur vous permettront d'observer les passants de l'une des rues les plus tendance de Kazimierz. (☎ 12 430 0795 ; marchewkazgroszkiem.pl ; ul Mostowa 2 ; plats 15-35 zł ; 🕐 9h-22h ; 📶 🍴 ; 🚋 6, 8, 10, 13)

Good Lood

GLACIER €

24 PLAN P. 84, F5

La succursale à Kazimierz de cette chaîne de glaciers populaire propose des glaces fraîches et sans additifs, à base d'ingrédients locaux. Coupes et cornets à emporter. (www.goodlood.com ; Plac Wolnica 11 ; 4 zł/boule ; 11h-22h ; ; 6, 8, 10, 13)

Alchemia od Kuchni

BURGERS €

25 PLAN P. 84, F3

Bières artisanales, burgers et "bols" de houmous (une portion de houmous nappée de sauce au poisson ou au bœuf), le tout servi dans un cadre urbain minimaliste, avec briques apparentes et sol en béton. L'ambiance rêvée pour se retrouver et partager un repas détendu entre amis. (882 044 299 ; www.odkuchni.com ; ul Estery 5 ; plats 25-30 zł ; midi-23h ; ; 3, 17, 19, 22, 24, 52)

Klezmer-Hois

JUIF €€

26 PLAN P. 84, G2

Avec ses tables aux nappes de dentelle, et sa décoration inspirée par le *shtetl* (village juif), le Klezmer-Hois évoque peut-être mieux qu'aucune autre adresse alentour le Kazimierz d'avant-guerre. Réchauffez-vous avec l'une des soupes créées par Yankiel, originaire de Berditchev. Concerts de musique traditionnelle juive à partir de 20h. (12 411 1245 ; klezmer.pl ; ul Szeroka 6 ; plats 35-60 zł ; 7h-21h30 ; ; 3, 19, 24)

Ariel

JUIF €€

27 PLAN P. 84, G3

Dans ce restaurant juif du secteur d'ul Szeroka, la décoration saisissante fait la part belle au

Klezmer-Hois

mobilier ancien en bois et aux portraits. Divers plats traditionnels sont proposés, tels que le cou d'oie farci au foie de volaille. En entrée, goûtez la soupe Berdytchov (bœuf, miel et cannelle). Des groupes de musique klezmer sont souvent présents en soirée. (12 421 7920 ; ariel-krakow.pl ; ul Szeroka 17/18 ; plats 30-60 zł ; 10h-minuit ; ; 3, 19, 24)

Well Done

BARBECUE €€

28 PLAN P. 84, F5

Ce très sympathique restaurant-grill servant aussi des burgers est situé dans ul Mostowa, une rue ombragée qui regorge de cafés et restaurants tendance. On vient s'y délecter de la saveur fumée incomparable de ses burgers, steaks et blancs de poulet. L'intérieur a des airs rétro, et il y a quelques tables de pique-nique à l'extérieur. (607 132 001 ; www.welldonego.pl ; ul Mostowa 2 ; plats 25-40 zł ; midi-23h lun-ven, 9h-23h sam-dim ; ; 6, 8, 10, 13)

Starka

POLONAIS €€

29 PLAN P. 84, E4

Une expérience gastronomique que vous n'êtes pas près d'oublier. Amateurs de viande, goûtez le jarret de porc, mais évitez le grand format si vous n'avez pas grand appétit. Le Starka produit sa vodka, dont on est invité à tester les curieuses déclinaisons. (12 430 6538 ; www.starka.com.pl ; ul Józefa 14 ; plats 35-65 zł ; midi-minuit ven-sam, midi-23h dim-jeu ; ; 6, 8, 10, 13)

Pierogi Mr Vincent

POLONAIS €

30 PLAN P. 84, E3

Ce restaurant dispose seulement de quelques tables, mais sa carte propose plus de 40 sortes de *pierogi* : sucrés ou salés, classiques ou surprenants. Si vous pensiez en avoir assez des *pierogi*, Vincent saura certainement vous convaincre du contraire ! (506 806 304 ; www.facebook.com/pierogimrvincent ; ul Bożego Ciała 12 ; plats 13-20 zł ; 11h-22h ven-sam, 11h-21h dim-jeu ; ; 6, 8, 10, 13)

Momo

VÉGÉTARIEN €

31 PLAN P. 84, D3

Les végétariens et végétaliens franchiront le seuil de ce restaurant avec joie : la majorité des plats à la carte sont 100% sans produit animal. Dans cette salle à la décoration indienne, vous dégusterez soupes, crêpes fourrées et plats de riz. Sans oublier un large choix de gâteaux, dont certains sans gluten. Nous recommandons les *momo* (bouchées tibétaines ; 15 zł). (609 685 775 ; www.facebook.com/BarWegetarianskiMomo ; ul Dietla 49 ; plats 13-20 zł ; 11h-20h ; ; 17, 22, 52)

Młynek Café

VÉGÉTARIEN €

32 PLAN P. 84, E5

Ce café végétarien constitue une halte parfaite pour se régaler de soupes et sandwichs sans viande, ainsi que de plats polonais traditionnels sans gluten comme les galettes de pommes

ANDRZEJ ROSTEK/SHUTTERSTOCK ©

Pierogi

de terre arrosées de sauce aux champignons. Concerts, récitals de poésie et expositions de temps en temps. En été, vous apprécierez la terrasse qui surplombe la place. (12 430 6202 ; www.facebook.com/cafemlynek ; Plac Wolnica 7 ; plats 15-29 zł ; 8h-23h ; ; 6, 8, 10, 13)

Prendre un verre

Hevre DISCOTHÈQUE

33 PLAN P. 84, E3

Véritable bouffée d'oxygène parmi les bars exigus de Kazimierz, le Hevre occupe une ancienne et spacieuse salle de prière juive. Dans la journée, il s'agit d'un café-restaurant raffiné (plats à partir de 25 zł) et d'un superbe endroit pour se détendre. À la nuit tombée, la foule s'amasse sur la piste à deux niveaux animée par des DJ. (509 413 626 ; www.facebook.com/hevrekazimierz ; ul Meiselsa 18 ; 9h-minuit ; ; 6, 8, 10, 13)

Cheder CAFÉ

Contrairement aux autres établissements à thématique judaïque de Kazimierz, ce café (voir 6 plan p. 84, G3) vise à divertir autant qu'à éduquer. Il tire son nom d'une école hébraïque traditionnelle, et donne accès à une bibliothèque remplie d'ouvrages en polonais et en anglais, où ont lieu des lectures et des projections de films. Vous pourrez y boire du café d'Israël, préparé "à la turque" dans une cafetière en cuivre avec de la cannelle et de la cardamome,

KRZYSZTOF DYDYNSKI/LONELY PLANET ©

Pub Propaganda

et y goûter des en-cas tels que le houmous fait maison. (☎515 732 226 ; www.jewishfestival.pl/pl/cheder ; ul Józefa 36 ; ⌚10h-22h ; 📶 ; 🚋3, 19, 24)

Singer Café

BAR

34 PLAN P. 84, F3

Café-bar à l'ambiance relax, prisé des Cracoviens. L'intérieur, éclairé à la bougie, est plein de caractère. Vous pouvez aussi vous installer en terrasse et bavarder au-dessus d'une machine à coudre fixée à la table. (☎12 292 0622 ; ul Estery 20 ; ⌚9h-4h ; 📶 ; 🚋3, 19, 24)

Mleczarnia

CAFÉ

35 PLAN P. 84, E3

Ce café remporte la médaille du plus beau *beer garden* de la ville. Situé de l'autre côté de la rue, bien ombragé et fleuri de roses, ce dernier est idéal pour savourer un verre au soleil. S'il venait à pleuvoir, réfugiez-vous à l'intérieur, confortable et cosy, avec des étagères croulant sous les livres et des portraits aux murs. Quelques breuvages intéressants : l'hydromel et le cacao avec vodka-cerise. Libre-service. (☎12 421 8532 ; www.mle.pl ; ul Meiselsa 20 ; ⌚10h-1h ; 📶 ; 🚋6, 8, 10, 13)

Alchemia

CAFÉ

36 PLAN P. 84, F3

Avec ses tables éclairées à la bougie et son ambiance ténébreuse, cette institution de Kazimierz qui a inspiré le style faussement décrépit du quartier il y a des années, semble avoir encore de beaux jours devant elle. L'Alchemia accueille parfois des concerts et des pièces de théâtre. (12 421 2200 ; alchemia.com.pl ; ul Estery 5 ; 10h-2h lun, 9h-2h mar-dim ; 3, 19, 24)

La Habana

BAR

37 PLAN P. 84, E2

Dans un coin de ce sympathique bar au thème cubain, on goûte d'excellents et célèbres cocktails. Un cuba libre à la main, conversez avec l'agréable personnel ou laissez-vous choir dans un canapé bas pour apprécier l'ambiance. Espace fumeurs clos à l'étage supérieur, et cigares en vente au bar. (881 403 026 ; www.facebook.com/publahabana ; ul Miodowa 22 ; 10h-2h ven-sam, 10h-minuit dim-jeu ; ; 3, 19, 24)

T.E.A. Time Brew Pub

MICROBRASSERIE

38 PLAN P. 84, B4

Cet établissement ouvert par un Anglais, défenseur du bon malt, est le premier et le seul pub de Cracovie à servir de la bière en fût, brassée sur place. Des tireuses s'écoulent notamment la Black Prince et la Misty Mountain Hop, très appréciées. La carte change chaque semaine. Prenez place avec quelques en-cas pour le quiz hebdomadaire du lundi. Pintes : 9-12 zł. (517 601 503 ; www.teatimebrewery.com ; ul Dietla 1 ; 16h-2h ven, midi-2h sam, 16h-1h dim-jeu ; ; Stradom)

Pub Propaganda

BAR

39 PLAN P. 84, E2

Dans ce bar qui entretient la nostalgie communiste, la vue des drapeaux et des souvenirs invite presque à entonner l'*Internationale*. Cocktails à se damner. (600 331 922 ; www.facebook.com/propapub ; ul Miodowa 20 ; 16h-5h ven-sam, 16h-2h dim-jeu ; ; 3, 19, 24)

Cocon Music Club

GAY ET LESBIEN

40 PLAN P. 84, G6

Très rare en son genre à Cracovie, ce bar et piste de danse *gay-friendly* compte deux salles aux styles différents : musique électronique dans l'une, et disco plus populaire dans l'autre. Karaoké le jeudi et soirée disco le vendredi. (503 773 844 ; www.klub-cocon.pl ; ul Gazowa 21 ; 21h-3h jeu, 22h-5h ven-sam ; ; 6, 8, 10, 13)

Événements liés au judaïsme

En plus du festival de la Culture juive (p. 24), qui se déroule à Cracovie entre fin juin et début juillet, la fondation du Judaïsme (p. 99), à Kazimierz, propose en permanence nombre d'expositions et de débats.

Sortir

Club Cabaret

CABARET

41 PLAN P. 84, D3

Ce club tout de velours rouge rappelle les années 1920 par sa décoration et sa programmation. Cabaret, burlesque, théâtre, folklore... il accueille tout type de spectacles, dont aussi régulièrement des *drag shows* à succès. L'entrée se trouve au fond d'un couloir mal éclairé, en retrait de la rue, mais tout s'égaye une fois la porte franchie. Plus d'informations sur le site Internet. (501 747 418 ; www.clubcabaret.pl ; ul Krakowska 5 ; billets 10-35 zł ; 18h-2h ; 6, 8, 10, 13, 17, 18, 22)

Oliwa Pub

MUSIQUE LIVE

42 PLAN P. 84, E3

Ce bar à l'allure vétuste est l'une des meilleures salles rock de la ville, avec des concerts à l'étage inférieur presque tous les week-ends. Vous pourrez aussi vous y relaxer avec une bière en écoutant les vieux succès des années 1960 et 1970 diffusés par les haut-parleurs. (608 125 081 ; www.facebook.com/oliwapub ; ul Miodowa 14 ; billets 20-30 zł ; 10h-3h ; ; 3, 19, 24)

Shopping

Paon Nonchalant

VÊTEMENTS

43 PLAN P. 84, F4

Ne passez pas sans vous arrêter à côté de l'une des rares boutiques de vêtements et accessoires pour femmes de la ville à vendre exclusivement les créations de designers polonais indépendants. Sans compter que les élégants sacs, sacoches d'ordinateurs et écharpes affichent ici des prix à la portée de presque tout le monde. (534 484 399 ; www.facebook.com/paonnonchalant ; ul Józefa 11 ; 11h-18h lun-sam ; 6, 8, 10, 13)

Austeria

LIBRAIRIE

Cette librairie passionnante, basée au rez-de-chaussée de la Haute Synagogue (voir 6 plan p. 84, G3), détient sans doute la meilleure collection de livres sur le judaïsme, d'objets de culte juif et de CD de musique juive de Cracovie. (12 430 6889 ; www.austeria.pl ; ul Józefa 38 ; 9h-19h ; 3, 19, 24)

Austeria

EFESENKO/ALAMY STOCK PHOTO ©

Lookarna Illustrations

ART

44 PLAN P. 84, F4

Cartes postales, posters, marque-pages, bloc-notes et aimants ornés d'illustrations originales, réalisées à la main par Renia Loj, constituent autant de superbes idées cadeaux. Les nombreux motifs noir et blanc évoquant les contes de fées plairont aux plus jeunes. (www.facebook.com/Lookarna.Illustrations ; ul Józefa 11 ; 11h-18h lun-sam ; ; 6, 8, 10, 13)

Asortyment Shop

CÉRAMIQUES

45 PLAN P. 84, E4

Cette petite boutique de souvenirs exhibe des articles fabriqués exclusivement en Pologne, parfois à la main, dont des poteries et assiettes typiques de la ville de Bolesławiec. (608 833 513 ; www.asortyment.shop.pl ; ul Bożego Ciała 22 ; midi-18h mar-sam, 11h-15h dim ; 6, 8, 10, 13)

Antykwariat na Kazimierzu

ANTIQUAIRE

46 PLAN P. 84, E3

Au sous-sol de la **fondation du Judaïsme** (Fundacja Judaica ; 12 430 6449 ; www.judaica.pl ; ul Meiselsa 17 ; gratuit ; 10h-21h lun-ven, 10h-16h sam-dim ; 6, 8, 10, 13) de Kazimierz, cette caverne d'Ali Baba regorge de vases anciens, verreries, tableaux, livres et autres bibelots. (12 292 6153 ; www.judaica.pl ; ul Meiselsa 17 ; 10h-17h lun-ven, 10h-14h sam-dim ; 6, 8, 10, 13)

Antiquaires et marchés aux puces

Le quartier de Kazimierz est remarquable pour ses antiquaires et ses fripiers. Si la Vieille Ville rassemble des commerces assez luxueux, la spécialité de Kazimierz réside plutôt dans les bric-à-brac, où les heureuses trouvailles voisinent avec les vieilleries abandonnées.

Dans ce registre, le **marché aux puces de la Plac Nowy** (plan p. 84, F3 ; Plac Nowy ; à partir de 7h ; 6, 8, 10, 13) est un passage obligé. Privilégiez le samedi et le dimanche matin, lorsque les étals en tout genre (vêtements, *comics*, etc.) s'y bousculent. En semaine, les vendeurs, moins nombreux, proposent des produits frais, des objets anciens ou liés au judaïsme, et des souvenirs du communisme.

Stary Sklep

ANTIQUAIRE

47 PLAN P. 84, F2

Le Stary Sklep, ou "Old Shop", tend à brouiller la mince frontière entre antiquaire et bric-à-brac. On y trouve en effet de tout, de vieux tapis, poupées et horloges à des cartes postales rétro, en passant par les jolis bibelots juifs d'occasion. (Old Shop ; www.facebook.com/oldshopstarysklep ; ul Brzozowa 7 ; midi-19h ; 17, 22, 52)

Explorer
Podgórze

Sur l'autre rive de la Vistule, cette banlieue ouvrière faisant face à Kazimierz attirerait peu de visiteurs si elle n'avait tenu un rôle particulier durant la guerre : les nazis y créèrent un ghetto où ils rassemblèrent 16 000 Juifs avant de les expédier dans les camps. Les sites les plus notables témoignent de ces tristes heures, comme la célèbre usine d'Oskar Schindler, qui sauva de nombreuses vies.

Notre sélection

- ***Usine de Schindler (p. 102)***. *Plongez dans la Cracovie de l'occupation nazie.*
- ***Pharmacie sous l'Aigle (p. 107)***. *Découvrez l'histoire du héros polonais Tadeusz Pankiewicz, qui porta secours aux Juifs du ghetto.*
- ***Plac Bohaterów Getta (p. 107)***. *Arpentez la place par laquelle passèrent les Juifs qui devaient être confinés dans le ghetto en 1941.*
- ***Musée d'Art contemporain de Cracovie (p. 108)***. *Admirez un florilège d'œuvres contemporaines polonaises et d'autres pays.*
- ***Cricoteka (p. 108)***. *Explorez ce musée et son exposition multimédia sur la troupe de théâtre expérimental dirigée par Tadeusz Kantor.*

Comment y aller et circuler

Les lignes n^{os}3, 19 et 24 desservent la Plac Bohaterów Getta, principal point d'accès à l'usine de Schindler.

Les lignes n^{os}6, 8, 10 et 13 rallient Podgórze à l'extrémité ouest de Kazimierz.

Plan du quartier p. 106

Rynek Podgórski et église Saint-Joseph (p. 105)

Les incontournables

Usine de Schindler

Cet impressionnant musée interactif retrace l'occupation allemande à Cracovie durant la Seconde Guerre mondiale. Il occupe l'ancienne usine d'ustensiles de cuisine en émail d'Oskar Schindler, industriel nazi qui sauva plus d'un millier de ses ouvriers juifs et dont l'histoire a inspiré à Steven Spielberg son célèbre film La Liste de Schindler, *en 1993.*

PLAN P. 106, F1

Fabryka Schindlera

www.muzeumkrakowa.pl

Ul Lipowa 4

Tarif plein/réduit 24/18 zł, gratuit lun

10h-16h lun, 9h-20h mar-dim

3, 19, 24

Bureau d'Oskar Schindler

L'usine d'Oskar Schindler est restée à l'abandon durant de longues années après la guerre. Heureusement, le **bureau de l'industriel** est demeuré intact. Vous y verrez les noms des Juifs qu'il a sauvés ainsi qu'une "arche des survivants" constituée de milliers de pots émaillés identiques à ceux que fabriquaient ses employés.

Film documentaire

Un **film** de 30 minutes présente des Cracoviens ordinaires, notamment d'anciens employés de l'usine, qui racontent des anecdotes (souvent terrifiantes) à propos de l'occupation allemande.

Expositions temporaires

Le lieu accueille aussi des **expositions temporaires**, instructives et parfois polémiques traitant de Cracovie durant la Seconde Guerre mondiale. Ainsi, une exposition avait pour titre : "Libération ou soumission ? L'anniversaire de la bataille de Cracovie".

Présentations multimédias

Les **expositions permanentes** sont présentées dans plusieurs salles, chacune consacrée à un thème spécifique : la Cracovie d'avant-guerre, la vie quotidienne des habitants juifs, le mouvement de résistance et la libération de la ville par les troupes soviétiques. Chaque sujet est illustré par des photos, des extraits d'émissions radiophoniques et des films qui créent une impression d'immersion.

★ À savoir

- Évitez l'attente au guichet en réservant sur Internet.
- Le lundi, l'entrée est libre pour les expositions permanentes ; venez tôt car seul un nombre limité de visiteurs est accepté.
- Le premier lundi du mois, le musée ferme à 14h au lieu de 16h.
- Sachez que la billetterie ferme 1 heure 30 avant le musée.
- Le billet "famille" constitue une option intéressante : 55 zł pour deux adultes et deux enfants de moins de 16 ans.

Une petite pause ?

Non loin de l'usine, le petit restaurant-bar à vins Krako Slow Wines (p. 109) compose des repas d'un excellent rapport qualité/prix. Le BAL (p. 112), derrière l'usine de Schindler, sert des plats du jour le midi et un très bon café toute la journée.

Promenade à pied

Visage méconnu de Podgórze

L'usine de Schindler et la Plac Bohaterów Getta sont incontestablement les sites les plus visités de Podgórze. Ce quartier en plein essor a bien davantage à offrir, à plus forte raison si vous sortez des sentiers battus. Prévoyez des chaussures confortables et résistantes.

La promenade

Départ Rynek Podgórski

Arrivée Camp de travail de Płaszów

Distance 5 km

Durée 4 heures

❶ Autre place de Podgórze

À des années-lumière de la triste Plac Bohaterów Getta, la **Rynek Podgórski** (🚊 6, 8, 10, 11, 13, 19) est une place verdoyante, bien intégrée au paysage urbain. Elle est dominée par la majestueuse **église Saint-Joseph** (plan p. 106, D3 ; Kościół Św Józefa), érigée en 1905.

❷ Église mystérieuse

Prenez le sentier qui monte vers l'**église Saint-Benoît** (plan p. 106, E3 ; Kościółek Św Benedykta ; ul Rękawka, colline de Lasota ; 🚊 6, 8, 10, 11, 13, 19), l'une des plus anciennes et des plus mystérieuses de Cracovie. Les archéologues datent sa construction du XIIe siècle. L'église ouvre une fois par an, le premier mardi après Pâques, à l'occasion de la fête de Rękawka.

❸ Forteresse délaissée

Non loin, le **fort Saint-Benoît** (plan p. 106, E3 ; ul Rękawka, colline de Lasota ; 🚊 6, 8, 10, 11, 13, 19), abandonné, fut élevé par les Autrichiens dans les années 1850 pour défendre la ville contre une invasion russe ou prussienne. Cet édifice en brique rouge de deux étages est fermé aux visiteurs, mais vous pourrez l'admirer de l'extérieur.

❹ Cimetière abandonné

Au sud s'étend le **vieux cimetière de Podgórze** (plan p. 106, E3 ; Cmentarz Podgórski Stary ; ☎ 12 656 1725 ; www.zck-krakow.pl ; al Powstańców Śląskich 1 ; gratuit ; 🕒 8h-18h ; 🚊 6, 8, 10, 11, 13, 19), datant de l'époque où Podgórze ne faisait pas encore partie de Cracovie. Saccagé par les Allemands durant la Seconde Guerre mondiale, il conserve une allure de cimetière abandonné.

❺ Tertre païen

Au sud du cimetière, une passerelle piétonne enjambe une voie rapide et débouche sur un site préhistorique et païen : le tertre de Krak (p. 108). On ignore les origines de ce monticule haut de 16 m, mais la légende raconte qu'il renfermerait les restes du prince Krak, fondateur de Cracovie. Des fouilles menées dans les années 1930 ont mis au jour des objets du VIIIe siècle.

❻ Carrière désaffectée

Ceux qui ont vu *La Liste de Schindler* seront fascinés par la **carrière Liban** (ul Za Torem ; 🕒 lever-coucher du soleil ; 🚊 3, 6, 11, 13, 24), aujourd'hui envahie par la végétation, dont Steven Spielberg s'est servi pour représenter le camp de travail de Płaszów – certains décors sont d'ailleurs restés sur place.

❼ Camp oublié

Suivez le sentier qui longe le pourtour de la carrière pour gagner le site du vrai **camp de Płaszów** (ul Jerozolimska, Płaszów ; gratuit ; 🕒 lever-coucher du soleil ; 🚊 3, 6, 11, 13, 24). Ce camp de travail forcé, bâti par les Allemands pour faciliter la liquidation du ghetto de Podgórze, a reçu jusqu'à 25 000 personnes en 1943-1944.

Nos adresses
Les incontournables p. 102
Voir p. 107
Se restaurer p. 109
Prendre un verre p. 112
Shopping p. 113
0
500 m
N
A
B
C
D
E
F
1
2
3
4
1
2
3
4
PODGÓRZE
KAZIMIERZ
DĘBNIKI
Usine de Schindler
Musée d'Art contemporain de Cracovie
Plac Bohaterów Getta
Pharmacie sous l'Aigle
Mur du ghetto
Cricoteka
Musée de Podgórze
Parc Bednarski
Église Saint-Benoît
Fort Saint-Benoît
Vieux cimetière de Podgórze
Tertre de Krak
Église Saint-Joseph
Rynek Podgórski
Vistule
Kraków Zabłocie
Kraków Krzemionki
Most Powstańców Śląskich
Most marsz Piłsudskiego
Kładka Bernatka
Legionów Piłsudskiego
Plac Wolnica
al Powstańców Śląskich
Wielicka
Limanowskiego
Na Zjeździe
Konopnickiej
Lipowa
Przemysłowa
Romanowicza
Traugutta
Lwowska
Dąbrowskiego
św Kingi
Rękawka
Czarnieckiego
św Benedykta
Krakusa
Węgierska
Józefińska
Kącik
Targowa
Solny
Port
Piwna
Nadwiślańska
Staromostowa
Kalwaryjska
Zamoyskiego
Redemptorystów
Krzemionki
Bursa Jagiellońska
Dembowskiego
Kraka
Radosna
Parkowa
Rejtana
Długosza
Smolki
Krasickiego
Rybaki
Wietora
Skawińska
Trynitarska
Podgórska
Gazowa
Mostowa

Voir

Pharmacie sous l'Aigle MUSÉE

1 PLAN P. 106, E2

Dans cette ancienne pharmacie, du côté sud de la Plac Bohaterów Getta, vous découvrirez le parcours de son propriétaire, Tadeusz Pankiewicz, qui risqua sa vie en portant secours aux Juifs du ghetto de Podgórze pendant la Seconde Guerre mondiale. Israël honora plus tard les efforts de ce non-Juif polonais en lui accordant le titre de "Juste parmi les justes". L'intérieur de la pharmacie, restauré pour retrouver son aspect d'origine, retrace l'histoire du ghetto et le rôle que joua cette officine dans la vie des habitants. (Apteka Pod Orłem ; 12 656 5625 ; www.muzeumkrakowa.pl ; Plac Bohaterów Getta 18 ; tarif plein/réduit 11/9 zł, gratuit lun ; 10h-14h lun, 9h-17h mar-dim ; 3, 19, 24)

Plac Bohaterów Getta PLACE

2 PLAN P. 106, E1

Appelée Plac Zgody durant l'occupation nazie, cette place publique marque l'entrée du ghetto construit à l'époque pour les Juifs sur plusieurs rues de ce secteur de Podgórze (un plan visible à l'extrémité nord du ghetto, près d'un ancien poste de commandement allemand, en montre l'étendue). Pendant la guerre, la place servait de lieu de rassemblement aux résidents du ghetto. Lorsque ce dernier fut liquidé (1942-1943), elle servit de lieu de déportation. (Place des Héros du ghetto ; 3, 19, 24)

Pharmacie sous l'Aigle

Musée d'Art contemporain de Cracovie

MUSÉE

3 PLAN P. 106, F1

Le MOCAK est l'un des hauts lieux du théâtre contemporain à Cracovie. Son grand atout, plutôt qu'une grande collection permanente, réside dans ses expositions de qualité, souvent renouvelées. Il est situé juste à côté de l'usine de Schindler, ce qui permet de combiner la visite des deux sites dans la même journée. (Muzeum Sztuki Współczesnej w Krakowie, MOCAK ; 12 263 4000 ; www.mocak.pl ; ul Lipowa 4 ; tarif plein/réduit 14/7 zł, gratuit mar ; 11h-19h mar-dim ; 3, 19, 24)

Cricoteka

MUSÉE

4 PLAN P. 106, D1

Ce musée moderne est dédié à la vie et à l'œuvre du dramaturge polonais d'avant-garde Tadeusz Kantor (1915-1990), ainsi qu'à sa troupe expérimentale, Cricot 2. Il présente surtout les décors et mannequins utilisés pour les spectacles (et dont l'intérêt échappera peut-être aux non-Polonais), mais accueille aussi des happenings et des représentations théâtrales. Consultez le site Internet. (12 442 7770 ; www.cricoteka.pl ; ul Nadwiślańska 2 ; tarif plein/réduit 15/10 zł, gratuit mar ; 11h-19h mar-dim ; 3, 19, 24)

Musée de Podgórze

MUSÉE

5 PLAN P. 106, F3

Plus intéressant qu'il n'y paraît, ce musée relate l'histoire de ce quartier, qui fut pendant des siècles une ville à part entière. Y sont également évoqués le **tertre de Krak** (plan p. 106, E3 ; Kopiec Krakusa ; ul Maryewskiego ; gratuit ; lever-coucher du soleil ; 3, 6, 11, 13, 24), l'occupation autrichienne et la tragédie de la Seconde Guerre mondiale, durant laquelle Podgórze fut le théâtre d'atrocités parmi les pires commises par les nazis. (Muzeum Podgórza ; 12 426 5060 ; www.muzeumkrakowa.pl ; ul Limanowskiego 51 ; tarif plein/réduit 12/9 zł, gratuit mar ; 9h30-17h mar-dim ; 6, 8, 10, 11, 13, 19)

Parc Bednarski

PARC

6 PLAN P. 106, D3

Au-delà de la Vistule, à Podgórze, ce parc n'est certes pas éblouissant, mais sa verdure sauvage comblera vos envies de promenades aventureuses. Grâce à ses multiples niveaux, vous pourrez gravir des murs et des sentiers boueux dissimulés dans ses hauteurs. Un parc apprécié pour promener son chien, faire du jogging ou un peu de marche, sortir en famille, pique-niquer ou profiter d'un dimanche ensoleillé. Entrée dans ul Parkowa. (Park Bednarskiego ; colline de Lasota ; 6, 8, 10, 11, 13, 19)

Mur du ghetto

MONUMENT

7 PLAN P. 106, E2

Juste au sud de la Plac Bohaterów Getta, les vestiges du mur qui entourait le ghetto juif sont signalés par une plaque. (Ul Lwowska 25-29 ; 3, 6, 11, 13, 19, 24)

Héros de Podgórze

À Podgórze, au moins deux éminents "gentils" (non-Juifs) risquèrent leur vie pour soustraire des Juifs à la Shoah.

Le plus connu est Oskar Schindler, opportuniste porté sur la bouteille et antihéros, devenu célèbre grâce au livre de Thomas Keneally, *La Liste de Schindler* (1982), et au film à succès qu'en a tiré Steven Spielberg en 1993.

Si Schindler sauva d'abord des Juifs parce qu'il avait besoin d'une main-d'œuvre bon marché pour son usine (p. 102), il fit par la suite jouer ses relations et n'hésita pas à payer des pots-de-vin pour éviter à ses employés la déportation vers les camps de concentration.

Le pharmacien Tadeusz Pankiewicz fut quant à lui autorisé à tenir la pharmacie sous l'Aigle (p. 107), dans le ghetto, jusqu'aux ultimes déportations. Il délivrait des médicaments (souvent gratuitement), apportait des nouvelles de l'extérieur et permit même à l'occasion qu'on utilise sa boutique comme refuge.

Comme le dit le Talmud (dans une phrase reprise de manière émouvante à la fin du film de Spielberg) : "Qui sauve une vie sauve l'humanité tout entière."

Se restaurer

ZaKładka Bistro

BISTROT **€€**

8 PLAN P. 106, C2

L'une des meilleures adresses du quartier. Bistrot proposant une cuisine d'inspiration française, simple et axée sur le veau, le lapin, le poisson frais et les moules, avec aussi plusieurs plats végétariens. Excellente carte des vins. Service courtois bien que cérémonieux. La sobriété des assiettes s'étend aussi au cadre : murs beiges, tables noires et parquet. (12 442 7442 ; zakladkabistro.pl ; ul Józefińska 2 ; plats 35-45 zł ; 13h-21h45 lun-jeu, 13h-22h30 ven-sam, midi-21h dim ; ; 6, 8, 10, 11, 13, 19)

Krako Slow Wines

INTERNATIONAL **€€**

9 PLAN P. 106, F1

Difficile de définir ce petit restaurant-bar à vins dont la cuisine affiche le meilleur rapport qualité/prix dans un rayon de 100 m autour de l'usine de Schindler. Le vin tient la vedette, mais citons aussi la bière, le café, les salades, les en-cas et les sandwichs au houmous, tous réussis. Le barbecue à la caucasienne (du mardi au samedi) propose des chachliks et kebabs géorgiens et arméniens alléchants. (669 225 222 ; krakoslowwines.pl ; ul Lipowa 6f ; plats 20-40 zł ; 10h-22h dim-jeu, 10h-minuit ven-sam ; 3, 19, 24)

Désert culinaire

Les restaurants de Podgórze sont quelque peu décevants. Les environs de la Plac Bohaterów Getta et de l'usine de Schindler sont un désert culinaire, à l'exception de quelques adresses correctes. Plusieurs tables sympathiques sont regroupées à l'endroit où débouche la passerelle Bernatek (en venant de Kazimierz), mais vous ne trouverez sans doute pas grand-chose si vous vous éloignez de ce secteur.

Lody Si Gela

GLACIER €

10 PLAN P. 106, C2

Ce glacier extrêmement populaire offre tous les classiques habituels, mais aussi des parfums plus insolites, dont un wasabi explosif. Beaucoup d'options végétaliennes. Faites la queue au comptoir de vente à emporter (il y a aussi une petite salle à l'intérieur, avec livres et jouets pour les enfants). (609 475 537 ; www.sigela.pl ; ul Staromostowa 1 ; 4 zł/boule ; 11h-20h ; ; 6, 8, 10, 11, 13, 19)

Manzana

MEXICAIN €€

11 PLAN P. 106, D2

Avec son intérieur design et son immense bar, le Manzana est un peu plus haut de gamme que la plupart des restaurants mexicains en Europe. Cela dit, le menu détaille bien les tacos, *burritos* et *quesadillas* auxquels on peut s'attendre, et ce à des prix raisonnables vu la qualité. Des plats innovants comme les pâtes au poulet *fiesta* incorporent de la tequila. Réservation conseillée. (514 786 813 ; www.manzanarestaurant.com ; ul Krakusa 11 ; plats 28-36 zł ; 9h-22h lun-sam, 9h-21h dim ; ; 6, 8, 10, 13)

TAO Thai & Sushi

ASIATIQUE €€

12 PLAN P. 106, C2

Ce restaurant asiatique lumineux et accueillant dissimule quelques tables dans un petit jardin à l'arrière, doté d'une aire de jeux pour enfants. Carte principalement japonaise (sushis, teriyakis et un petit choix de *bento*), mais aussi d'excellentes spécialités thaïlandaises, notamment de nombreux plats végétaliens et végétariens. (725 880 304 ; taogarden.pl ; ul Józefińska 4 ; plats 35-50 zł ; midi-23h ven-sam, midi-22h dim-jeu ; ; 6, 8, 10, 11, 13, 19)

Ogniem i Mieczem

POLONAIS €€

13 PLAN P. 106, B3

Tirant son nom du roman historique de Henryk Sienkiewicz, *Par le fer et par le feu*, ce restaurant sombre et plein de charme recrée la Pologne d'antan. Les peaux de bêtes et le feu crépitant accentuent l'atmosphère rustique de la salle lambrissée. À la carte, des recettes d'autrefois, comme le succulent cochon grillé farci de fruits. (☎ 12 656 2328 ; www.ogniemimieczem.pl ; Plac Serkowskiego 7 ; plats 30-60 zł ; midi-minuit lun-sam, midi-22h dim ; 8, 10, 11, 19)

Makaroniarnia

ITALIEN **€€**

14 PLAN P. 106, C2

Paradis des amateurs de pâtes, avec une liste de spécialités à base de macaronis longue comme le bras. Assez gaie, la salle est parfaite pour déjeuner, et les menus du jour (3 plats ; 20 zł) offrent un bon rapport qualité/prix. S'il fait beau, prenez place à une table sur le trottoir. (☎ 12 430 0147 ; www.makaroniarnia.com ; ul Brodzińskiego 3 ; plats 25-35 zł ; 10h-23h ven-sam, 10h-22h dim-jeu ; ; 6, 8, 10, 11, 13, 19)

Mazaya Falafel

MOYEN-ORIENTAL **€**

15 PLAN P. 106, C2

Ce fast-food moyen-oriental, appartenant à une chaîne locale, élabore d'admirables menus revigorants à base de falafels et de houmous. On y commande d'ordinaire à emporter, mais il y a aussi quelques tables pour s'installer. (www.mazaya-falafel.pl ; ul Legionów Józefa Piłsudskiego 2 ; menus 14-20 zł ; 10h-22h ; 6, 8, 10, 13)

Orzo

ITALIEN **€€**

16 PLAN P. 106, F1

Mi-*ristorante*, mi-discothèque, voici l'un des rares restaurants où l'on peut s'asseoir dans le voisinage immédiat de l'usine de Schindler. Les prix sont un peu élevés comparés à la qualité

Escalope de porc polonaise frite

proposée, et le personnel peut se montrer froid. D'un autre côté, le menu éclectique (steaks, salades, pizzas, pâtes) comblera tous les appétits. (12 257 1042 ; www.orzo.pl ; ul Lipowa 4a ; plats 35-50 zł ; 9h-minuit ; ; 3, 19, 24)

Prendre un verre

Forum Przestrzenie BAR

17 PLAN P. 106, A1

Le Forum, hôtel sans charme de l'époque communiste, a été transformé avec beaucoup de créativité en un café et bar à cocktails rétro très tendance, qui accueille parfois des DJ, des concerts, des projections de films et des spectacles. Par beau temps, des fauteuils sont disposés sur une terrasse au bord du fleuve. (Hotel Forum ; 515 424 724 ; www.forumprzestrzenie.com ; ul Maria Konopnickiej 28 ; 10h-minuit dim-jeu, 10h-2h ven-sam ; ; 8, 10, 11, 19)

Absurdalia Cafe CAFÉ

18 PLAN P. 106, C2

Plus accueillant que ses semblables de cette portion de la rue, à la sortie de la passerelle Bernatek, ce café est l'endroit idéal pour se détendre dans un fauteuil en appréciant café et gâteaux. (www.facebook.com/absurdaliacafe ; ul Brodzińskiego 6 ; 10h-22h ; ; 6, 8, 10, 11, 13, 19)

BAL CAFÉ

19 PLAN P. 106, F1

Très bon café au style industriel tendance et bar dans un entrepôt réhabilité du secteur de Zabłocie. Petits-déjeuners légers, sandwichs, entrées végétariennes et salades en vente toute la journée. (734 411 733 ; www.facebook.com/balnazablociu ; ul Ślusarska 9 ; 8h-21h ; ; 3, 19, 24)

Drukarnia DISCOTHÈQUE

20 PLAN P. 106, D2

Si ce n'est plus tout à fait le club légendaire d'hier, le Drukarnia reste une adresse fiable pour un verre en fin de soirée, et de temps en temps un concert dans son immense sous-sol. Le bar du rez-de-chaussée est divisé en deux : une moitié au style décrépit faisant écho au nom du lieu (*drukarnia* signifie "imprimerie"), et une autre, plus branchée et moderne, quoique plus aseptisée. (12 656 6560 ; www.drukarniaclub.pl ; ul Nadwiślańska 1 ; 9h-1h dim-jeu, 9h-3h ven-sam ; ; 6, 8, 10, 11, 13, 19)

Cawa CAFÉ, BAR À VINS

Les bars à vins chics sont encore assez rares à Podgórze. Avec sa déco postindustrielle et ses serveurs branchés, le Cawa (voir 20 plan p. 106, D2) est un cadre parfait pour déguster un cappuccino ou un verre de vin, à accompagner de tapas aux saveurs méditerranéennes. (12 656 7456 ; www.cawacafe.pl ; ul Nadwiślańska 1 ; 8h30-22h lun-ven, 9h30-22h sam-dim ; ; 6, 8, 10, 11, 13, 19)

Punkt Docelowy BAR

Cet établissement local décontracté (voir 10 plan p. 106, C2)

Ghetto de Podgórze

Lorsque la Seconde Guerre mondiale éclata, la plupart des Juifs de Cracovie résidaient à Kazimierz, et non à Podgórze. Le quartier était étroitement intégré à la vie de la ville, tout en conservant son ambiance, ses traditions et ses institutions propres. L'armée allemande, qui occupa le secteur dès 1939, fit voler cette communauté séculaire en éclats en moins de six ans.

La première phase de l'occupation fut marquée par des restrictions juridiques sévères à l'encontre des Juifs, souvent chassés de la ville. En mars 1941, les Allemands entamèrent à Podgórze la construction d'un ghetto fermé. Avant la fin du mois, près de 16 000 des Juifs encore présents furent arrachés à leur domicile et forcés à traverser le pont qui menait à ce quartier-prison.

De toute évidence, les conditions de vie dans le ghetto étaient épouvantables. En 1942, de nouveaux résidents y furent ponctuellement intégrés, tandis que d'autres se virent rassemblés sur la Plac Bohaterów Getta, pour être déportés au camp d'extermination de Bełżec, dans le sud-est du pays.

En mars 1943, le ghetto fut liquidé, et ses résidents encore en vie furent transférés dans un nouveau camp de travail forcé, à Płaszów, non loin. Nombre d'entre eux y succombèrent en raison du manque d'hygiène. La plupart des survivants finirent par être envoyés dans les camps d'extermination. Seulement 3 000 Juifs de Cracovie environ survécurent à la guerre.

domine la passerelle Bernatek, côté Kazimierz. Bon choix de bières et point de départ ou d'arrivée idéal pour une tournée des bars. (727 586 695 ; www.facebook.com/punktdocelowy ; ul Staromostowa 1 ; 16h-4h ven, midi-4h sam, 16h-1h dim-jeu ; ; 6, 8, 10, 11, 13, 19)

Shopping

Galeria Starmach — GALERIE D'ART

21 PLAN P. 106, D2

Starmach est l'une des galeries de peinture et sculpture contemporaines les plus prestigieuses de la ville, exposant des artistes polonais émergents ou établis. Remarquablement moderne, elle occupe l'ancienne maison de prière juive Zucher, un bel édifice en brique néogothique du XIXe siècle. (12 656 4915 ; www.starmach.com.pl ; ul Węgierska 5 ; 11h-18h lun-ven ; 6, 11, 13, 19)

Explorer

Ouest de Cracovie

L'ouest de Cracovie est un secteur huppé, aux rues bordées de maisons de ville cossues du XIXe et du début du XXe siècle. Son attrait touristique est limité, mais c'est le quartier le plus vert de Cracovie. Grâce à la reconversion de l'ancienne usine de tabac Tytano, qui abrite désormais toutes sortes de bars branchés, c'est aussi l'un des lieux les plus prisés des fêtards.

Notre sélection

- ***Musée national** **(p. 118)**. Admirez des tableaux polonais modernes, ainsi que des expositions temporaires sur l'art et la sculpture.*

- ***Tertre de Kościuszko** **(p. 118)**. Gravissez le monticule élevé en hommage aux exploits d'un héros de guerre polonais (et américain).*

- ***Atelier et musée du Vitrail** **(p. 118)**. Ce lieu hybride vous dévoilera le savoir-faire nécessaire à la fabrication de vitraux mémorables.*

- ***Parc Jordan** **(p. 118)**. Sillonnez ce parc né il y a un siècle d'une volonté de promouvoir la santé physique des habitants.*

- ***Maison de Józef Mehoffer** **(p. 119)**. La visite vous offrira un aperçu de la vie de l'un des artistes les plus influents du mouvement Jeune Pologne.*

Comment y aller et circuler

Les lignes nos 2, 4, 14, 18, 20, 24 et 44 desservent certaines parties du quartier, au nord de la Vieille Ville.

La ligne n°20 permet de rejoindre le Musée national et le parc Jordan.

Plan du quartier p. 116

Tertre de Kościuszko (p. 118) DK-ART/SHUTTERSTOCK ©

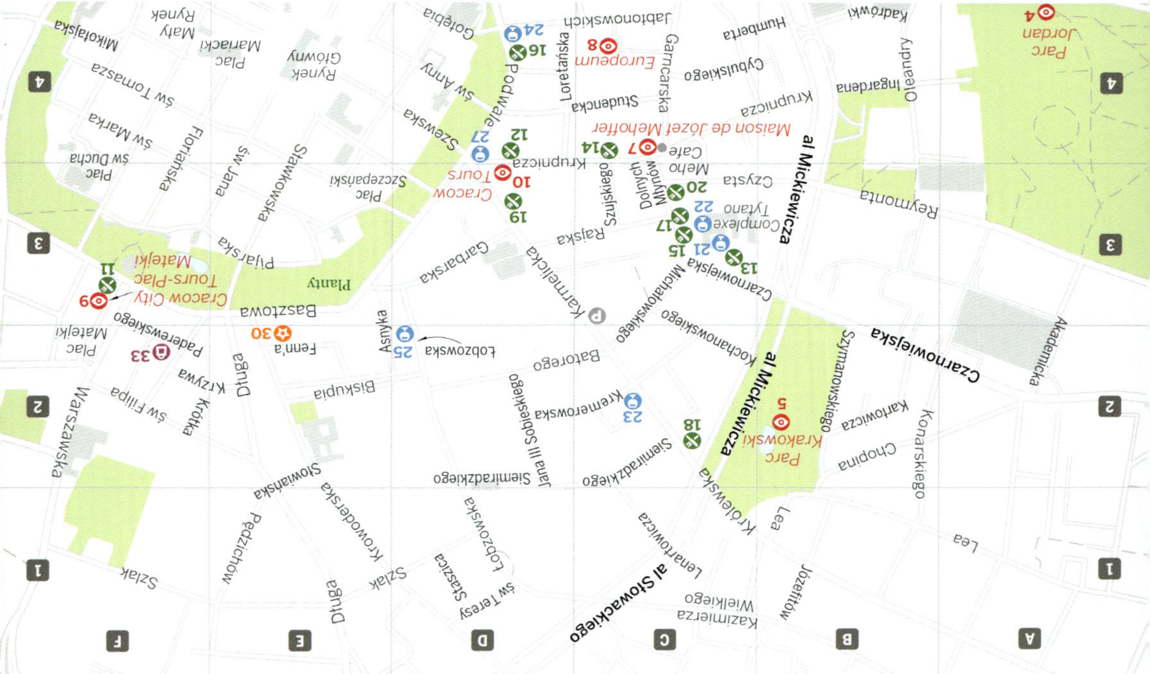
A
B
C
D
E
F
1
2
3
4
Parc Jordan
4
Parc Krakowski
5
Maison de Józef Mehoffer
7
Europeum
8
Cracow City Tours-Plac Matejki
9
Cracow Tours
10
11
12
13
14
15
16
17
18
19
20
21
22
23
24
25
27
30
33
Fenn'a
Meho Cafe
Complexe Tytano
Planty
al Mickiewicza
al Słowackiego
Czarnowiejska
Akademicka
Lea
Józefitów
Kazimierza Wielkiego
Lenartowicza
Królewska
Szymanowskiego
Karłowicza
Chopina
Konarskiego
Reymonta
Oleandry
Ingardena
Kadrówki
Humberta
Cybulskiego
Krupnicza
Czysta
Kochanowskiego
Michałowskiego
Czarnowiejska
Siemiradzkiego
Kremerowska
Batorego
Karmelicka
Rajska
Szujskiego
Dolnych Młynów
Garncarska
Studencka
Jabłonowskich
Loretańska
Podwale
Gołębia
św Anny
Szewska
Plac Szczepański
Garbarska
Łobzowska
Asnyka
Biskupia
Jana III Sobieskiego
Staszica
św Teresy
Szlak
Krowoderska
Słowiańska
Długa
Pędzichów
Krótka
Krzywa
św Filipa
Paderewskiego
Plac Matejki
Warszawska
Basztowa
Pijarska
Floriańska
św Jana
Sławkowska
Rynek Główny
Plac Mariacki
Mały Rynek
Mikołajska
św Tomasza
św Marka
Plac św Ducha

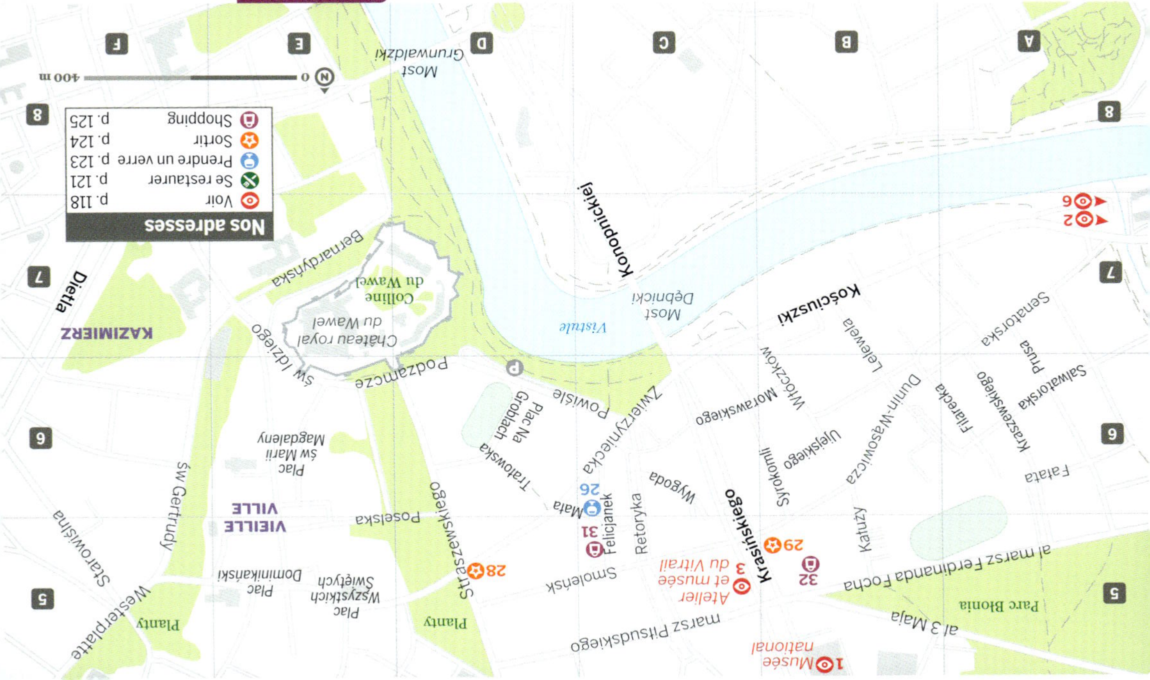
Nos adresses
Voir p. 118
Se restaurer p. 121
Prendre un verre p. 123
Sortir p. 124
Shopping p. 125
0 400 m
N
A
B
C
D
E
F
5
6
7
8
1 Musée national
3 Atelier et musée du Vitrail
2
6
28
29
31
32
26
Parc Błonia
al 3 Maja
al marsz Ferdinanda Focha
marsz Piłsudskiego
Krasińskiego
Smoleńsk
Felicjanek
Retoryka
Mała
Wygoda
Syrokomli
Ujejskiego
Kałuży
Morawskiego
Włóczków
Lelewela
Kościuszki
Dunin-Wąsowicza
Filarecka
Kraszewskiego
Fałata
Salwatorska
Prusa
Senatorska
Zwierzyniecka
Powiśle
Tatowska
Plac Na Groblach
Straszewskiego
Planty
Plac Wszystkich Świętych
Plac Dominikański
Poselska
VIEILLE VILLE
Plac św Marii Magdaleny
św Gertrudy
Starowiślna
Westerplatte
Podzamcze
św Idziego
Château royal du Wawel
Colline du Wawel
Bernardyńska
KAZIMIERZ
Dietla
Vistule
Most Dębnicki
Konopnickiej
Most Grunwaldzki

Voir

Musée national

MUSÉE

1 PLAN P. 116, B5

Le principal bâtiment du Musée national de Cracovie abrite trois expositions permanentes : la galerie de la Peinture polonaise du XXe siècle, la galerie des Arts décoratifs, et celle consacrée aux armes polonaises et aux couleurs nationales. L'ensemble est situé à 500 m à l'ouest de la Vieille Ville par la rue Piłsudskiego. La galerie de la peinture présente une vaste collection de tableaux (et quelques sculptures) de 1890 à nos jours. (Muzeum Narodowe w Krakowie ; 12 433 5744 ; mnk.pl ; al 3 Maja 1 ; tarif plein/réduit 28/19 zł, gratuit dim ; 9h-17h mar-ven, 10h-18h sam, 10h-16h dim ; 20)

Tertre de Kościuszko

MONUMENT

2 PLAN P. 116, A7

Ce tertre dédié au héros polonais (et américain) Tadeusz Kościuszko (1746-1817) fut élevé entre 1820 et 1823. Haut de 34 m, il offre un panorama spectaculaire et se compose en partie de terre de champs de bataille polonais et américains sur lesquels le grand homme combattit. L'entrée inclut l'ascension à pied du tertre, ainsi que la visite du fort du XIXe siècle qui le jouxte. Ce dernier contient une exposition sur la vie de Kościuszko. Le mémorial se trouve à Zwierzyniec, à 3 km de la Vieille Ville. (Kopiec Kościuszki ; 12 425 1116 ; www.kopieckosciuszki.pl ; al Waszyngtona 1, Zwierzyniec ; tarif plein/réduit 14/10 zł ; 9h30-coucher du soleil ; ; 100, 101)

Atelier et musée du Vitrail

MUSÉE

3 PLAN P. 116, C5

Cet hybride entre atelier et musée promeut la beauté du vitrail, ainsi que le savoir-faire et le talent artistique considérables que requiert son élaboration. Les visites sont guidées, et en anglais à chaque heure pile entre midi et 17h. (Pracownia i Muzeum Witrazu ; 512 937 979 ; muzeumwitrazu.pl ; al Krasińskiego 23 ; tarif plein/réduit 35/29 zł ; 11h30-18h mar-ven ; 20)

Parc Jordan

PARC

4 PLAN P. 116, A4

Ce parc, du nom de son fondateur Henryk Jordan (p. 120), est cher à ses nombreux usagers. Les propriétaires de chiens apprécient ses étendues dégagées, et les enfants sa cage à écureuils. Cours de yoga en plein air, et bien d'autres animations. En été, l'herbe invite à s'allonger ; en hiver, vous serez séduit par la patinoire. (Park Jordana ; al 3 Maja 11 ; ; 20)

Parc Krakowski

PARC

5 PLAN P. 116, C2

Rénové au printemps 2018, ce parc agréable invite à une promenade en famille, seul ou avec votre chien. Parterres de fleurs hauts en couleur, mare aux canards, coin pour lire et emprunter des magazines, et remarquable aire de jeux pour enfants. (Park Krakowski ; 👪 ; 🚋4, 8, 13, 14, 24, 44)

Jardin zoologique ZOO

6 ◉ PLAN P. 116, A7

Ce zoo de 20 ha bien entretenu accueille environ 1500 animaux, dont deux éléphants d'Asie, des hippopotames pygmées et un troupeau de chevaux de Przewalski, espèce rare qui peuplait jadis les steppes de Mongolie. Prenez le bus n°134 près du Musée national. (Ogród Zoologiczny ; ☎12 425 3551 ; zoo-krakow.pl ; al Kasy Oszczędności Miasta Krakowa 14, Zwierzyniec ; tarif plein/réduit 18/10 zł ; 🕘9h-17h ; 👪 ; 🚌134)

Maison de Józef Mehoffer MUSÉE

7 ◉ PLAN P. 116, C4

L'artiste du mouvement Jeune Pologne vécut dans cette maison de 1932 à sa mort, en 1946. L'élégant intérieur a été préservé, avec des meubles et œuvres d'origine, dont des vitraux de Józef Mehoffer et des portraits de son épouse. Ne manquez pas le ravissant jardin. (Dom Józefa Mehoffera ; ☎12 433 5889 ; mnk.pl ; ul Krupnicza 26 ; tarif plein/réduit 10/5 zł, gratuit dim ; 🕘10h-16h mar-ven et dim, 10h-18h sam ; 🚋2, 4, 8, 13, 14, 18, 20, 24)

Europeum MUSÉE

8 ◉ PLAN P. 116, C4

Souvent négligé, ce musée installé dans un vieux grenier révèle la

Musée national

Le Dr Jordan et son "parc de la santé"

De nos jours, parcs publics et activité physique semblent naturellement aller de pair. Pourtant, au XIXe siècle, lorsque le Dr Henryk Jordan (1842-1907) commença à réfléchir à ce qui deviendrait le parc Jordan (p. 118), les jardins publics étaient des endroits où l'on venait s'asseoir ou se promener, mais on n'y faisait en aucun cas de l'exercice.

Jordan était un pionnier de l'éducation physique, qui s'efforçait notamment d'encourager les enfants à faire plus de sport. Il incorpora dans son parc des terrains de football, des pistes d'exercice et même une piscine… Du jamais vu à cette époque ! Des repas gratuits étaient offerts aux enfants pour les encourager à venir prendre l'air.

Aujourd'hui encore, sans être exclusivement un terrain de sport, le parc attire les joggeurs matinaux. Cours de yoga en plein air et aires de jeux pour enfants viennent parfaire le tableau. Et en hiver, une patinoire donne aux petits une raison de sortir.

plus importante collection de peinture européenne du Musée national. Avec plus de cent œuvres exposées, il retrace sept siècles d'art. Parmi les pièces maîtresses, citons l'*Adoration de l'Enfant*, réalisé par Lorenzo Lotto (début du XVIe siècle), et une composition de Pieter Brueghel le Jeune. (Centre pour la Culture européenne ; 12 433 5760 ; mnk.pl ; Plac Sikorskiego 6 ; tarif plein/réduit 10/5 zł, gratuit dim ; 9h-16h mar-ven, 10h-18h sam, 10h-16h dim ; 4, 8, 13, 14, 24, 44)

Cracow City Tours -Plac Matejki

CIRCUITS ORGANISÉS

9 PLAN P. 116, F3

Bon choix de circuits à pied et en bus à Cracovie, dont un parcours en bus de quatre heures et des excursions d'une journée vers la mine de sel de Wieliczka (180 zł), ou le mémorial et musée d'Auschwitz-Birkenau (155 zł). Les visites en bus partent devant le bureau situé Plac Matejki 2. (12 421 1333 ; www.cracowcitytours.pl ; Plac Matejki 2 ; visites de la ville tarif plein/réduit 120/100 zł ; 8h-18h ;)

Cracow Tours

CIRCUITS ORGANISÉS

10 PLAN P. 116, D3

Promenades à pied dans la ville et circuit en bus de quatre heures. Les parcours en anglais démarrent à 8h35 à ul Powiśle 7, dans cette rue qui longe la rivière vers le nord-ouest du château royal du Wawel (entrée incluse dans les tarifs). (12 430 0726 ; www.cracowtours.pl ; ul Krupnicza 3 ; visites de la ville 160 zł ; 8h-16h lun-ven ; 2, 4, 8, 13, 14, 18, 20, 24)

Se restaurer

Glonojad

VÉGÉTARIEN €

11 PLAN P. 116, F3

Cette cafétéria populaire offre une belle vue sur la Plac Matejki, tout de suite au nord de la Barbacane. Carte variée, avec divers plats végétariens alléchants : samoussas, curries, galettes de pommes de terre, falafels, lasagnes sans viande et soupes. Petit-déjeuner servi jusqu'à midi. (12 346 1677 ; www.glonojad.com ; Plac Matejki 2 ; plats 15-22 zł ; 8h-22h lun-ven, 9h-22h sam-dim ; ; 2, 4, 14, 18, 20, 24, 44)

Restauracja Pod Norenami

VÉGÉTARIEN €€

12 PLAN P. 116, D4

Un restaurant de cuisine asiatique fusion, chaleureux et accueillant, qui comblera les végétariens et végétaliens. Vaste choix de spécialités japonaises, thaïlandaises et vietnamiennes, notamment de nombreux plats de nouilles épicées et de riz, ainsi que des sushis végétariens. Menu enfants original, avec des raviolis asiatiques à la banane et au chocolat. Sur réservation. (661 219 289 ; www.podnorenami.pl ; ul Krupnicza 6 ; plats 25-40 zł ; midi-22h ; ; 2, 4, 8, 13, 14, 18, 20, 24)

Międzymiastowa

INTERNATIONAL €€

13 PLAN P. 116, C3

Assez inclassable, ce lieu situé en plein cœur de l'ancienne manufacture des tabacs Tytano (p. 122) s'illustre par ses burgers et ses en-cas décontractés, mais on s'y rend aussi pour goûter ses cocktails à base de gin (rhubarbe, pêche, concombre, thym), très réputés. (577 304 450 ; www.facebook.com/miedzymiastowakrakow ; ul Dolnych Młynów 10 ; plats 35-50 zł ; 9h-minuit lun-ven, 10h-minuit sam-dim ; ; 2, 4, 14, 18, 20, 24, 44)

Dynia

INTERNATIONAL €€

14 PLAN P. 116, C4

Si l'intérieur est chic (mobilier en cuir et arrangements floraux recherchés), la cour est encore plus agréable. Les murs en brique délabrés qui entourent cet espace planté de fougères lui confèrent une élégance surannée. Quantité de soupes et plats à base de citrouille (*dynia*), ainsi que des plats faibles en calories et végétariens. Vaste choix au petit-déjeuner (16-25 zł). (12 430 0838 ; www.dynia.krakow.pl ; ul Krupnicza 20 ; plats 26-40 zł ; 9h-23h ; ; 2, 4, 8, 13, 14, 18, 20, 24)

Veganic

VÉGÉTARIEN €

15 PLAN P. 116, C3

Fauteuils confortables, cour extérieure... Un cadre agréable pour une très bonne cuisine végétarienne et végétalienne : burgers au tofu, pâtes, feuilles de chou farcies et plats sans gluten. Le personnel se met en quatre pour vous aider à faire votre choix. Situé dans le complexe de la manufacture des tabacs Tytano (p. 122). (668 468 469 ; veganic.restaurant ; ul Dolnych Młynów 10 ; plats

24-28 zł ; midi-22h lun, 9h-22h mar-dim ; ; 2, 4, 14, 18, 20, 24, 44)

Smakołyki POLONAIS €

16 PLAN P. 116, D4

En quête d'assiettes généreuses à des prix abordables ? Cap sur ce restaurant à la sortie du Planty, près de l'université Jagellonne. Le Smakołyki, dont le nom veut dire "friandises" en polonais, en regorge justement. La cuisine, non exclusivement polonaise, n'en est pas moins saine et délicieuse. La large baie est parfaite pour observer le ballet des passants. (12 430 3099 ; www.smakolyki.eu ; ul Straszewskiego 28 ; plats 12-30 zł ; 8h-22h lun-sam, 9h-22h dim ; ; 4, 8, 13, 14, 24, 44)

Soirée à Tytano

À Cracovie, la fête se déroule surtout à l'ouest de la Vieille Ville, dans l'ancienne manufacture des tabacs, près d'ul Dolnych Młynów. Les bâtiments de **Tytano** sont restés abandonnés plus d'une décennie avant que des promoteurs entreprenants y voient un potentiel repaire de *hipsters*. Désormais, les six édifices décrépis de l'ancienne usine hébergent restaurants, bars et discothèques en tout genre, dont l'un des meilleurs établissements végétariens de la ville, et son plus grand palais de la bière artisanale.

Mr Pancake AMÉRICAIN €

17 PLAN P. 116, C3

Pour des sucreries affriolantes, ce petit établissement rétro de la manufacture des tabacs Tytano est l'endroit idéal. On y empile les *pancakes* à l'américaine avant de les garnir de tous les ingrédients imaginables : pâte de guimauve, sirop de chocolat, Nutella. Envie de salé ? Jetez un œil aux burgers. (664 091 109 ; www.facebook.com/mrpancakekrakow ; ul Dolnych Młynów 10 ; plats 17-30 zł ; 11h-22h lun-jeu, 11h-23h ven, 10h-23h sam-dim ; ; 4, 8, 13, 14, 24, 44)

Przystanek Burger BURGERS €

18 PLAN P. 116, C2

Ne manquez pas ces burgers appétissants. Recettes fixes comme le Nachoburger et le Bossburger, ou variantes personnalisées, végétariennes. Tables sur les deux niveaux et à l'extérieur. Situé dans Karmeland, en retrait de la rue. (661 577 751 ; www.facebook.com/przystanekburgerkarmelicka ; ul Karmelicka 68a ; burgers 13-22 zł ; 11h-22h lun-ven, midi-21h sam-dim ; ; 4, 8, 13, 14, 24, 44)

Trattoria Mamma Mia ITALIEN €€

19 PLAN P. 116, D3

Certes, vous n'êtes probablement pas venu en Pologne pour manger des pizzas... Mais si vous vous laissez tenter, celles-ci, cuites au feu de bois, sont délicieuses, fines et croustillantes. Bons plats de pâtes, viandes et poissons également.

(☎ 12 422 2868 ; mammamia.net.pl ; ul Karmelicka 14 ; plats 28-56 zł ; ⏱ midi-23h ; Wv ; 🚋 2, 4, 14, 18, 20, 24, 44)

Bar Mleczny Górnik POLONAIS €

20 PLAN P. 116, C3

Bar à lait typique de Pologne. Au menu : des classiques de la cuisine polonaise à des prix intéressants. Présentez-vous au comptoir avec un plateau, désignez ce qui vous fait envie, puis tâchez de trouver une place libre. Au déjeuner, le menu du jour (10 zł) inclut soupe et plat principal : excellent rapport qualité/prix. (☎ 12 632 6899 ; www.facebook.com/barmleczny.gornik ; ul Czysta 1 ; plats 7-11 zł ; ⏱ 8h-18h lun-ven, 8h-16h sam ; 🚋 2, 4, 14, 18, 20, 24, 44)

Prendre un verre

Mercy Brown BAR À COCKTAILS

Difficile à repérer, ce bar (voir 16 plan p. 116, D4) est pourtant si fréquenté qu'il faut réserver pour entrer. Son attrait est évident : une escapade dans les années 1920, entre lustres, fauteuils cossus et long comptoir surmonté d'étagères de spiritueux. Spectacles burlesques mensuels, concerts de jazz et cocktails habiles pour une soirée unique. (☎ 531 706 692 ; ul Straszewskiego 28 ; ⏱ 19h-1h30 mer-jeu, 19h-2h30 ven-sam ; Wi-Fi ; 🚋 4, 8, 13, 14, 24, 44)

Weźże Krafta BIÈRE ARTISANALE

21 PLAN P. 116, C3

Un palais de la bière artisanale avec près de 25 variétés en pression, et un véritable entrepôt suffisamment vaste pour accueillir les groupes turbulents et chahuteurs. Naturellement, ce lieu près du centre du complexe Tytano (page ci-contre) est très fréquenté : le mieux pour trouver une table est de venir tôt. (☎ 12 307 4050 ; www.wezze-krafta.ontap.pl ; ul Dolnych Młynów 10 ; ⏱ 16h-2h lun-ven, 14h-2h sam-dim ; Wi-Fi ; 🚋 2, 4, 14, 18, 20, 24, 44)

Scena54 DISCOTHÈQUE

22 PLAN P. 116, C3

Le nom de cette piste de danse située dans le complexe Tytano renvoie au New York grivois des années 1980. La clientèle visée — celle qui, peut-être, se rappelle vaguement cette époque — est assez mûre (ici, comprenez entre 30 et 50 ans). Programme des soirées rétro, des DJ set et des soirées filles, toujours populaires, sur le site Internet. (☎ 12 378 3778 ; www.scena54.pl ; ul Dolnych Młynów 10 ; ⏱ 19h-1h mer-jeu, 19h-4h ven-sam ; Wi-Fi ; 🚋 2, 4, 14, 18, 20, 24, 44)

Piwiarnia Warka PUB

23 PLAN P. 116, C2

Perché au-dessus de l'une des rues les plus animées de Cracovie, ce pub et restaurant décontracté possède une annexe extérieure abritée pour observer le va-et-vient des passants. Le Piwiarnia Warka est prisé pendant les matchs de foot. Les en-cas, pizzas et burgers sont satisfaisants, et leurs prix raisonnables (23-28 zł). (☎ 508 318 115 ; www.facebook.com/

PiwiarniaKrakow ; ul Karmelicka 43a ; midi-minuit ; ; 4, 8, 13, 14, 24, 44)

Stary Port

PUB

24 PLAN P. 116, D4

Le "vieux port" est un pub axé sur le rhum. Cartes, drapeaux et objets kitsch liés à la navigation ornent ses murs. Tarifs parmi les meilleurs dans le voisinage du centre, concerts le vendredi : sa popularité est méritée. Entrée par ul Jabłonowskich. (508 227 752 ; www.staryport.com.pl ; ul Straszewskiego 27 ; midi-3h ven-sam, midi-minuit dim-jeu ; ; 1, 6, 8, 13, 18)

The Stage

BAR

25 PLAN P. 116, D2

À la fois bar sportif et salle de billard, le Stage est un bel endroit pour se détendre à quelques minutes de marche du centre. Si vous souhaitez faire une partie, mieux vaut réserver. Sinon, profitez de l'ambiance en buvant un verre et, éventuellement, en regardant un événement sportif à la télévision. (12 681 6385 ; www.facebook.com/thestagee ; ul Łobzowska 3 ; midi-1h ; ; 2, 4, 14, 18, 20, 24, 44)

Café Szafé

CAFÉ

26 PLAN P. 116, C6

Ce café pittoresque réserve une foule de surprises, des sculptures insolites posées dans ses recoins aux étranges œuvres d'art ornant ses murs. Concerts, projections de films et autres manifestations artistiques sont au programme. (663 905 652 ; www.cafeszafe.com ; ul Felicjanek 10 ; 9h-2h lun-ven, 10h-2h sam-dim ; ; 1, 2, 6)

CK Browar

MICROBRASSERIE

27 PLAN P. 116, D4

Les amateurs de bière ne manqueront pas cette microbrasserie en sous-sol dotée d'une immense salle. Le breuvage ambré, brassé sur place d'après une vieille recette austro-hongroise, est versé dans les chopes directement depuis la cuve. Attention : la CK Dunkel contient environ 7% d'alcool. (12 429 2505 ; ckbrowar.pl ; ul Podwale 6/7 ; 9h-1h ; ; 2, 4, 14, 18, 20, 24, 44)

Sortir

Orchestre philharmonique de Cracovie

MUSIQUE CLASSIQUE

28 PLAN P. 116, D5

Cette salle héberge l'un des meilleurs orchestres du pays. Dates des concerts sur le site Internet. Billets en vente à la billetterie en journée, ou une heure avant la représentation. (Filharmonia im Karola Szymanowskiego w Krakowie ; 12 619 8733 ; www.filharmonia.krakow.pl ; ul Zwierzyniecka 1 ; 1, 2, 6)

Kino Kijów Centrum

CINÉMA

29 PLAN P. 116, B5

L'un des nombreux cinémas indépendants de Cracovie. Adoré

des habitants pour son style et son architecture rétro, rappelant les années 1960 et le communisme, le Kijów comporte aussi un café pour cinéphiles (10h-22h) et une discothèque programmant des spectacles vivants. Plusieurs salles petites et moyennes (20-40 places), et la plus grande de la ville, de plus de 800 places. (12 433 0033 ; www.kijow.pl ; al Krasińskiego 34 ; billets 16-20 zł ; 20)

Salle de récital Florianka

MUSIQUE CLASSIQUE

30 PLAN P. 116, E2

Salle de récital de l'académie de musique de Cracovie. Calendrier des concerts de musique de chambre disponible sur le site Internet. C'est aussi ici que se déroule le **festival de musique Bach Days** (Dni Bachowskie ; www.bach-cantatas.com ; mi-mars). (Aula Florianka ; 12 422 5173 ; www.amuz.krakow.pl ; ul Sereno Fenn'a 15)

Shopping

Massolit Books & Cafe

LIBRAIRIE

31 PLAN P. 116, C5

Cette jolie librairie anglophone vend des ouvrages neufs ou d'occasion, dont de nombreuses traductions d'auteurs polonais et d'Europe centrale. Elle renferme aussi un espace café plein de cachet. (12 432 4150 ; www.massolit.com ; ul Felicjanek 4 ; 10h-21h ven-sam, 10h-20h dim-jeu ; ; 1, 2, 6)

Jardin secret

Le jardin dissimulé derrière le **Meho Cafe** (plan p. 116, C4 ; 600 480 049 ; www.facebook.com/MehoCafe ; ul Krupnicza 26 ; 10h-22h ; ; 2, 4, 8, 13, 14, 18, 20, 24) est un petit bout de paradis au milieu de la ville. Lorsqu'il fait chaud, c'est l'endroit parfait pour une pause rafraîchissante.

Galerie de posters Dydo

ART

32 PLAN P. 116, B5

Les Polonais sont reconnus dans le monde entier pour la qualité et la virtuosité de leurs affiches publicitaires. Ce lieu regroupe des posters historiques et rétro exceptionnels, ainsi que des conceptions plus modernes. (Dydo Galeria Plakatu ; 790 792 244 ; www.dydopostergallery.com ; al Focha 1 ; 14h30-18h30 ; 20)

Stary Kleparz

MARCHÉ

33 PLAN P. 116, F2

Ce grand marché couvert du XIIe siècle est le plus pittoresque de Cracovie pour faire le plein de fruits, légumes, fleurs, viande, fromage, épices, pain, vêtements et autres produits indispensables. (12 634 1532 ; www.starykleparz.com ; ul Paderewskiego, Rynek Kleparski ; 6h-18h lun-ven, 6h-16h sam, 8h-15h dim ; 2, 4, 14, 18, 20, 24, 44)

POD
TWOJA OBRONĘ
UCIEKAMY SIĘ.
GROB RODZIN

Explorer

Est de Cracovie

Les gares ferroviaire et routière, à l'est de la ville, sont la première étape de leur séjour pour bien des visiteurs, qui rejoignent ensuite rapidement la Vieille Ville. Dommage, car l'est de Cracovie vit à un rythme différent : c'est ici qu'elle se défait de son atmosphère médiévale pour se mettre au diapason de la vie active.

Notre sélection

- ***Nouveau cimetière juif (p. 129)***. *Promenez-vous entre les tombes, dont le nombre impressionnant témoigne de la détermination des survivants à honorer leur devoir de mémoire.*
- ***Cimetière Rakowicki (p. 130)***. *Admirez la beauté des stèles, entre style néogothique à plusieurs étages et audacieux exemples d'Art nouveau.*
- ***Jardins botaniques (p. 130)***. *Flânez sur ces belles étendues de verdure fleuries de plusieurs hectares.*
- ***History Land (p. 130)***. *Plongez dans l'histoire polonaise au moyen de stimuli et de sons high-tech.*
- ***Opera Krakowska (p. 133)***. *Accordez-vous un petit détour par la musique savante en assistant à une représentation.*

Comment y aller et circuler

Les lignes n^{os}2, 3, 4, 5, 10, 14, 17, 19, 20, 44, 50, et 52 desservent la gare ferroviaire principale et les gares routières.

Les lignes n^{os}3, 19 et 24 se rendent plus au sud, en direction de la Galeria Kazimierz.

Plan du quartier p. 128

Cimetière Rakowicki (p. 130) AGNES KANTARUK/SHUTTERSTOCK ©

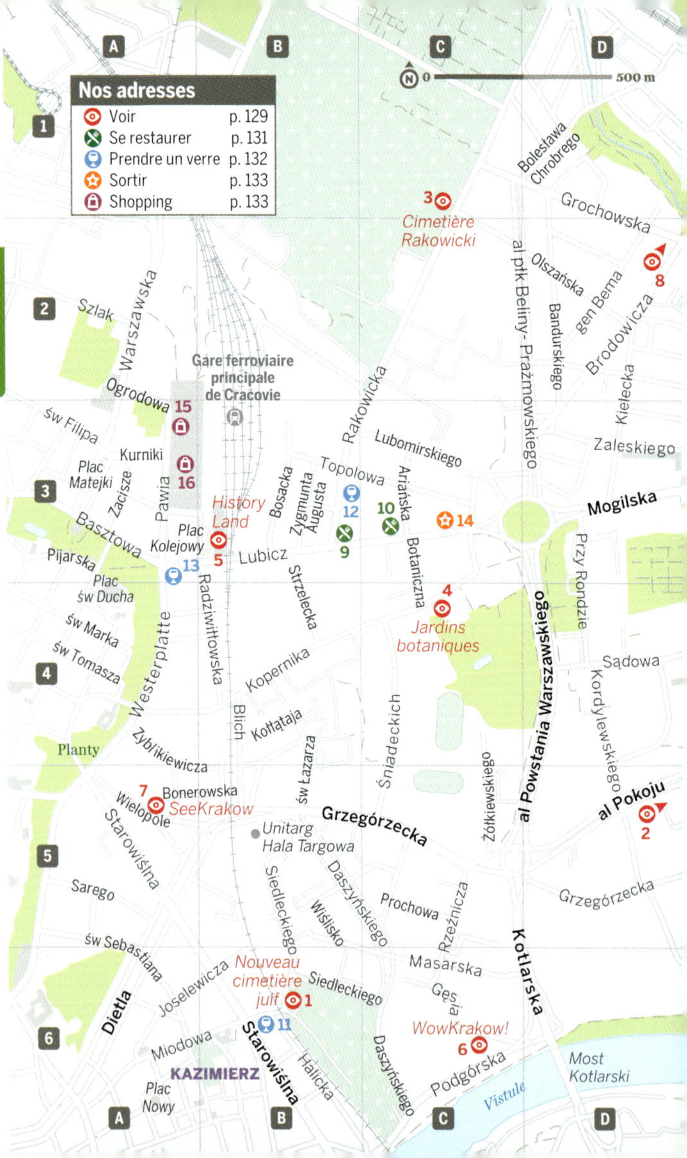
Nos adresses
Voir p. 129
Se restaurer p. 131
Prendre un verre p. 132
Sortir p. 133
Shopping p. 133
A
B
C
D
1
2
3
4
5
6
0
500 m
3 Cimetière Rakowicki
Bolesława Chrobrego
Grochowska
Olszańska
gen Bema
8
Brodowicza
Bandurskiego
al płk Beliny-Prażmowskiego
Kielecka
Zaleskiego
Mogilska
Szlak
Warszawska
Ogrodowa
15
16
Gare ferroviaire principale de Cracovie
Rakowicka
Lubomirskiego
św Filipa
Kurniki
Plac Matejki
Zacisze
Pawia
History Land
Bosacka
Zygmunta Augusta
Topolowa
12
Ariańska
10
14
Basztowa
Plac Kolejowy
5
Lubicz
9
Pijarska
13
Plac św Ducha
Radziwiłłowska
Strzelecka
Botaniczna
4 Jardins botaniques
Przy Rondzie
św Marka
św Tomasza
Westerplatte
Kopernika
al Powstania Warszawskiego
Sądowa
Kordylewskiego
Planty
Blich
Kołłątaja
Śniadeckich
Zyblikiewicza
Żółkiewskiego
św Łazarza
7 SeeKrakow
Bonerowska
Wielopole
Starowiślna
Grzegórzecka
Unitarg Hala Targowa
al Pokoju
2
Saregо
Siedleckiego
Daszyńskiego
Wiślisko
Prochowa
Rzeźnicza
Grzegórzecka
św Sebastiana
Kotlarska
Masarska
Nouveau cimetière juif 1
Joselewicza
Siedleckiego
Gęsia
Dietla
11
WowKrakow!
6
Miodowa
Starowiślna
Halicka
Daszyńskiego
Podgórska
Most Kotlarski
KAZIMIERZ
Plac Nowy
Vistule

Voir

Nouveau cimetière juif CIMETIÈRE

1 PLAN P. 128, B6

C'est dans cet immense cimetière de 1800 que la population juive de Kazimierz enterrait ses morts jusqu'à la Seconde Guerre mondiale. De nombreuses pierres tombales furent détruites durant la Shoah, et certaines de celles qui furent sauvées sont visibles sur les murs de l'enceinte. Environ 9 000 stèles subsistent, mais peu sont entretenues, car les nazis tuaient des familles entières. Suivez ul Miodowa sous un pont ferroviaire, et vous trouverez le petit portail du cimetière. (Nowy Cmentarz Żydowsky ; ul Miodowa 55 ; 9h-18h dim-jeu ; 3, 19, 24)

Jardin des sciences Stanisław Lem MUSÉE

2 PLAN P. 128, D5

Les fans de science adoreront ce parc scientifique interactif dédié à la mémoire de Stanisław Lem, auteur de science-fiction polonais. À environ 4 km à l'est de la Vieille Ville, passez une journée à découvrir les étranges effets qu'entraînent les lois de la science (mécanique, optique, acoustique). Explications en polonais et en anglais. (Ogród Doświadczeń im Stanisława Lema ; 12 346 1285 ; www.ogroddoswiadczen.pl ; al Pokoju 68, Czyżyny ; tarif plein/réduit 12/10 zł ; 8h30-19h lun-ven, 10h-19h sam-dim avr-sept, horaires réduits oct ; ; 1, 14, 22)

Nouveau cimetière juif

Derniers hommages au nouveau cimetière juif

La Shoah et la tragédie que vécurent les Juifs pendant la guerre paraissent bien lointaines dans les rues animées de Cracovie. Ce cimetière (p. 129), situé à l'est de la ville, au-delà d'un tunnel sous les voies ferrées, garde une part de la tristesse liée à cette époque. Les nazis le saccagèrent et récupérèrent nombre de stèles comme matériau de construction ou pour paver les routes. On ne peut qu'être touché au vu des efforts déployés pour tenter de le restaurer et de sauver le maximum de vestiges.

Cimetière Rakowicki — CIMETIÈRE

3 PLAN P. 128, C1

Sans doute le champ du repos le plus prestigieux de la ville, dernière demeure de plusieurs Polonais notables, dont Wisława Szymborska (1923-2012), Prix Nobel de littérature en 1996. En déambulant dans les allées, vous admirerez des stèles superbement réalisées, souvent des œuvres d'art à part entière. (Cmentarz Rakowicki ; 12 619 9900 ; www.zck-krakow.pl ; ul Rakowicka 26 ; 7h-18h ; 2)

Jardins botaniques — JARDIN

4 PLAN P. 128, C4

Les jardins botaniques de l'université Jagellonne couvrent près de 10 ha. Cette vaste étendue de verdure abrite de remarquables plantes médicinales, des espèces végétales endémiques menacées et des végétaux décrits dans la Bible. L'incroyable collection d'orchidées date des années 1860. (Ogród Botaniczny ; 12 663 3635 ; ogrod.uj.edu.pl ; ul Kopernika 27 ; tarif plein/réduit 9/5 zł ; 9h-19h, serres 10h-18h sam-jeu, musée 10h-14h jeu-ven, 11h-15h dim ; 4, 10, 14, 20, 44, 52)

History Land — MUSÉE

5 PLAN P. 128, B3

Installé dans l'ancien bâtiment principal de la gare ferroviaire, ce musée moderne s'adresse aux enfants grâce à l'emploi de LEGO et de technologies de réalité virtuelle. Assez percutante, l'exposition revient sur les moments clés de l'histoire du pays. (530 903 053 ; www.historyland.pl ; Plac Jana Nowaka Jeziorańskiego 3 ; tarif plein/réduit 27/24 zł ; 9h-17h lun-ven, 10h-18h sam-dim ; ; 2, 3, 4, 5, 10, 14, 17, 19, 20, 44, 50, 52)

WowKrakow! — BUS

6 PLAN P. 128, C6

Ce circuit en bus permet de s'arrêter à loisir dans quelque 15 secteurs d'intérêt de Cracovie. Départs toutes les heures près de la Galeria Kazimierz. Horaires et itinéraires à jour sur le site Internet. Le **Jordan Group** (12 422 60 91 ; www.jordan.pl ; ul Pawia 8 ;

8h-18h lun-ven, 9h-14h sam ; 3, 5, 17, 19, 50), auquel ce prestataire appartient, propose des tickets de bus pour l'international et des trajets depuis/vers l'aéroport. (Jordan Group ; 601 502 129 ; www.wowkrakow.pl ; ul Gęsia 8 ; billets 24/48 heures 60/90 zł ; 8h-18h lun-ven ; 3, 19, 24)

SeeKrakow

CIRCUITS ORGANISÉS

7 PLAN P. 128, A5

Le plus gros tour-opérateur de Cracovie offre un choix déconcertant de visites guidées, dont l'usine de Schindler, le Rynek souterrain et des excursions d'une journée vers le mémorial et musée Auschwitz-Birkenau, ainsi que dans la mine de sel de Wieliczka. Détails sur le site Internet. Billets en vente à l'agence, en ligne et dans les offices de tourisme InfoKraków ou SeeKrakow TIP. (12 429 4499 ; www.seekrakow.com ; ul Wielopole 16/3 ; 8h-20h ; 1, 3, 24, 52)

Park Wodny

PARC AQUATIQUE

8 PLAN P. 128, D2

Au programme dans ce parc aquatique situé à 2,5 km au nord-est de la Vieille Ville : pataugeoires, sports aquatiques, 800 m de toboggans, Jacuzzis à l'eau de mer, saunas, etc. Tarifs un peu plus élevés le samedi et le dimanche. (12 616 3190 ; www.parkwodny.pl ; ul Dobrego Pasterza 126, Prądnik Czerwony ; tarif plein/réduit 28/24 zł par heure, avec sauna 67/55 zł par jour ; 8h-22h ; ; 129, 152)

Se restaurer

Pizza Garden

PIZZAS €

9 PLAN P. 128, B3

Le chef, formé à New York, propose sans doute les meilleures pizzas de Cracovie, cuites dans un grand four en brique. Parfois un peu d'attente selon l'heure, mais cela en vaut la peine. (12 422 7755 ; www.pizzagarden.pl ; ul Rakowicka 1 ; pizza 24-30 zł ; midi-22h lun-ven, 13h-22h sam-dim ; ; 2, 4, 10, 14, 20, 44, 52)

Novum Bistro

POLONAIS €€

10 PLAN P. 128, C3

Ce restaurant, parmi les meilleurs de cette partie de la ville, sert des plats traditionnels mais rares, comme le lapin, le chevreuil et le sanglier sauvage, en plus des habituels steaks, pâtes et burgers.

Saucisses pour noctambules

Le stand nocturne de saucisses d'**Unitarg Hala Targowa** (Kiełbaski Pod Halą Targową ; plan p. 128, B5 ; ul Grzegórzecka 3 ; sandwichs 16 zł ; 20h-3h lun-sam ; 1, 17, 19, 22) est l'un des plus courus de la ville. Après avoir fait la fête, beaucoup d'habitants y font halte avant d'aller se coucher. Repérez les deux hommes penchés au-dessus d'un feu (avec souvent une longue file d'attente).

Exigeante sélection de vins et de cocktails. Bons petits-déjeuners, et menu du jour (plusieurs plats) au rapport qualité/prix intéressant. (609 205 732 ; www.facebook.com/novumbistro ; ul Lubicz 42 ; plats 30-50 zł ; 8h30-21h ; ; 4, 10, 14, 20, 44, 52)

Prendre un verre

Zaraz Wracam Tu

BAR À COCKTAILS

11 PLAN P. 128, B6

Bar à cocktails sans chichis, surtout connu pour ses shots, aussi bons que divers. Assez spacieux pour les groupes, le lieu organise parfois des soirées disco ou des concerts. (12 628 7510 ; www.zarazwracam.com ; ul Miodowa 51a ; 15h-2h ; ; 3, 19, 24)

Wesoła Cafe

CAFÉ

12 PLAN P. 128, B3

Une vraie trouvaille, que vous logiez dans le secteur ou que vous soyez de passage. Café excellent, petit-déjeuner complet, et menu déjeuner riche en plats végétariens et sans gluten sains. Un lieu effervescent mais convivial, car les habitants du quartier s'y précipitent pour un café ou un repas durant leur pause. (513 932 810 ; www.wesolacafe.pl ; ul Rakowicka 17 ; 7h-21h lun-ven, 8h-19h sam-dim ; ; 2)

Kocia Kawiarnia Kociarnia

CAFÉ

13 PLAN P. 128, A3

Un endroit douillet, habité par plusieurs chats, proposant café,

Galeria Krakowska

IVAN NESTEROV/ALAMY STOCK PHOTO ©

thé, milk-shakes et gâteaux à un jet de pierre de la gare ferroviaire principale de Cracovie. (795 010 130 ; lubicz.kociakawiarniakrakow.pl ; ul Lubicz 1 ; 10h-20h lun-ven, 11h-21h sam-dim ; ; 2, 3, 4, 5, 10, 14, 17, 19, 20, 44, 50, 52)

Sortir

Opera Krakowska OPÉRA

14 PLAN P. 128, C3

L'Opéra de Cracovie se produit dans un saisissant bâtiment, dressé dans un style moderne en 2008 sur le rond-point Mogilskie. Si le cadre est résolument du XXIe siècle, le répertoire couvre toutes les époques, de Verdi à Bernstein. (12 296 6262 ; www.opera.krakow.pl ; ul Lubicz 48 ; billets 28-200 zł ; guichet 10h-19h lun-sam ; 4, 5, 9, 10, 44, 52)

Shopping

Galeria Krakowska CENTRE COMMERCIAL

15 PLAN P. 128, A3

Signe que la Pologne a bien embrassé la transition vers le capitalisme, cet immense centre commercial proche de la gare ferroviaire principale comprend 270 boutiques. Seul intérêt pour les voyageurs blasés : l'aire de restauration. (12 428 9902 ; www.galeriakrakowska.pl ; ul Pawia 5 ; 9h-22h lun-sam, 10h-21h dim ; ; 2, 3, 4, 10, 14, 20, 44, 52)

Tranquillité nocturne

Après la tombée de la nuit, la majorité de l'est de Cracovie baisse les stores. Peu de discothèques et de restaurants valent le détour, et vous ne dînerez sans doute dans le quartier que si vous logez dans l'un de ses hôtels. Dans la zone précédant Kazimierz se trouvent le plus grand nombre de pubs et de bars corrects. L'opéra brille néanmoins dans l'est de Cracovie : les amateurs se presseront à l'Opera Krakowska, tout à fait à l'est du quartier, pour une représentation dans un cadre moderne saisissant.

Krakowski Kredens ALIMENTATION

16 PLAN P. 128, A3

À l'intérieur du centre commercial de la Galeria Krakowska (ci-contre), non loin de la gare ferroviaire principale, les "placards de Cracovie" proposent des pots de soupe traditionnelle et quantité de souvenirs comestibles (champignons marinés, miel aux herbes, moutarde épicée, conserves de groseilles à maquereau) à rapporter chez soi. (696 490 017 ; www.krakowskikredens.pl ; ul Pawia 5 ; 10h30-17h lun-sam ; 2, 3, 4, 10, 14, 20, 44, 52)

Promenade à pied

Paradis ouvrier de Nowa Huta

Cadeau de Joseph Staline, la banlieue de Nowa Huta ("nouvelle aciérie") était composée d'une immense usine et de logements dans le style du réalisme socialiste. Cet exemple parfaitement conservé d'une utopie résidentielle de l'ère communiste est bien plus vert qu'il ne l'était à son apogée (dans les années 1950 à 1970). S'y promener permet d'admirer une architecture rétrofuturiste grandiose et harmonieuse.

La promenade

Départ arrêt de tramway Plac Centralny

Arrivée arrêt de tramway Klasztorna

Distance 5 km

Durée 4 heures

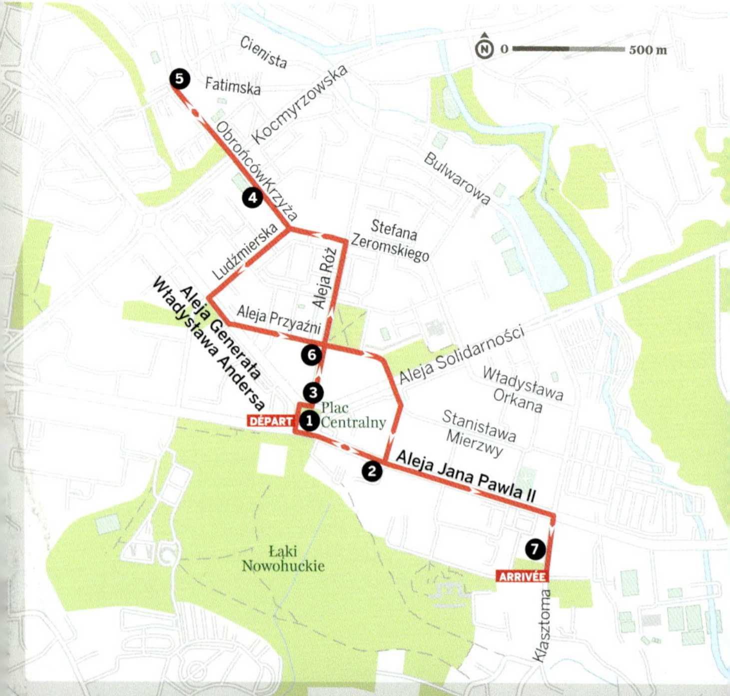

❶ "Place Ronald Reagan"

Descendez du tramway sur la **Plac Centralny** (Plac Centralny im. Ronalda Reagana ; Plac Centralny ; 🚋4, 10, 22, 44). Cette place grandiose, la principale dans le quartier, fut construite en 1949. Jadis ponctuée d'une statue de Lénine, elle porta le nom de Staline, aujourd'hui troqué contre celui de l'ancien président américain (et acteur de la guerre froide) Ronald Reagan.

❷ Musée de Nowa Huta

Faites un saut au **musée de Nowa Huta** (Muzeum Nowej Huty ; ☎12 446 7821 ; www.muzeumkrakowa.pl ; Osiedle Centrum E1 ; tarif plein/réduit 11/8 zł ; ⏰10h-17h30 mar-dim), ancien Muzeum PRL-u, basé dans le cinéma Światowid, un bâtiment du réalisme socialiste des années 1950. Le musée propose des expositions sur le passé du quartier, et dissimule au sous-sol un abri antiatomique.

❸ Allée des Roses

L'**Aleja Róż** (allée des Roses) est l'avenue centrale de Nowa Huta. Cette ample artère semblable à un parc témoigne de l'intention de rendre gloire aux ouvriers.

❹ Théâtre du Peuple

Les années 1950 et 1960 étaient une période d'expérimentation architecturale et théâtrale. Le **Teatr Ludowy** (théâtre du Peuple ; ☎12 680 2101 ; www.ludowy.pl ; Osiedle Teatralne 34 ; 🚋1, 5) alliait les deux, avec à la fois une saisissante architecture prolétarienne et un audacieux répertoire.

❺ Église des ouvriers

De style brutaliste, l'**Arka Pana** (arche du Seigneur ; ☎12 644 0624 ; www.arkapana.pl ; ul Obrońców Krzyża 1 ; gratuit ; ⏰9h-18h ; 🚋1, 5) fut la première église de Nowa Huta. Elle fut élevée en 1977 après une campagne menée par l'évêque de Cracovie (le futur Jean Paul II).

❻ Repas "grand style"

Nowa Huta compte peu de restaurants, mais le **Restauracja Stylowa** (☎12 644 2619 ; www.stylowa-krakow.pl ; Osiedle Centrum C3 ; plats 24-30 zł ; 🚋4, 10, 22, 44), l'adresse la plus chic du quartier, permet de manger un repas ouvrier dans un décor au charme suranné.

❼ Avant l'aciérie

Progressez vers l'est jusqu'à ul Klasztorna, où un site ecclésiastique pluriséculaire vous attend. L'**abbaye cistercienne** (Opactwo Cystersów ; ☎12 644 2331 ; www.mogila.cystersi.pl ; ul Klasztorna 11 ; gratuit ; ⏰9h-17h ; 🚋10, 16, 21, 44) remonte à 1222.

Excursion

Mémorial et musée d'Auschwitz-Birkenau

Le camp de concentration et d'extermination d'Auschwitz-Birkenau est devenu le symbole de la Shoah. Plus d'un million de Juifs, ainsi que de nombreux Polonais et Roms, furent assassinés ici par les Allemands durant la Seconde Guerre mondiale. Les deux parties du site, le camp principal d'Auschwitz I et celui, bien plus vaste, de Birkenau (Auschwitz II), ont été ouvertes à la visite.

Państwowe Muzeum Auschwitz-Birkenau

guides 33 844 8100

auschwitz.org

Visite tarif plein/réduit 60/55 zł

7h30-19h juin-août, 7h30-18h avr-mai et sept, horaires réduits oct-mars

Entrée du camp principal

La visite commence par la projection, dans le centre des visiteurs du **camp principal**, d'un documentaire de 17 minutes (déconseillé aux moins de 14 ans) sur la libération du camp par les Soviétiques, en 1945. Franchissez ensuite le portail portant la sinistre devise *Arbeit Macht Frei* ("Le travail rend libre") pour gagner ce qui était le principal point de rassemblement, où avaient lieu l'appel du matin et les annonces. L'inscription visible sur la photo (page ci-contre) est une réplique, l'original ayant été volé avant d'être retrouvé, puis intégré au musée.

Expositions

Les anciens baraquements (ou "blocks") du camp principal, désignés chacun par un numéro, abritent des **expositions** consacrées à différents thèmes, comme la création du camp, la confiscation des biens des déportés, la vie quotidienne ou encore la résistance. Voir les photos des personnes exterminées ou les minuscules couchettes dans lesquelles des dizaines de prisonniers étaient contraints de dormir est éprouvant, mais l'expérience la plus glaçante reste sans doute la découverte des tonnes de cheveux humains (Block 4) qui étaient prélevés sur les victimes (souvent juste avant leur exécution) pour fabriquer des tissus industriels. L'exposition, qui ne représente qu'un mince fragment de ce que découvrirent les Soviétiques à la libération, occupe la moitié d'une longue salle.

Block 11, le "block de la mort"

La plupart des tueries massives avaient lieu à Birkenau, mais ici, dans la petite cour du **Block 11** d'Auschwitz I, le terrible "block de la mort", des milliers de victimes furent alignées et fusillées devant le mur de la Mort. Le sous-sol abrite des cellules où les prisonniers étaient torturés, placés à l'isolement et affamés jusqu'à

★ À savoir

- D'avril à octobre, la visite guidée a lieu de 10h à 15h, et une navette gratuite relie les deux sites toutes les 10 minutes (toutes les demi-heures de novembre à mars). Sinon, comptez 2 km de marche (aisée, mais monotone) d'un site à l'autre.
- La plupart des agences de Cracovie proposent des excursions pour Auschwitz-Birkenau (avec transport et guide 130 zł/pers).

Une petite pause ?

Près de l'aire de stationnement, quelques bars servent des en-cas. Un restaurant se trouve aussi près de l'entrée principale.

★ Comment y aller

Minibus Liaison entre la gare routière de Cracovie et Auschwitz-Birkenau (12 zł, 1 heure 45).

Train Liaison entre la gare principale de Cracovie et Oświęcim (16 zł, 1 heure 30).

ce que mort s'ensuive. À l'une des extrémités du camp, on peut entrer dans une chambre à gaz et un four crématoire (le seul non détruit par les Allemands en fuite, dans leur vaine tentative de dissimuler leurs crimes).

Entrée principale et tour de Birkenau

Après Auschwitz I, le plus grand des camps alentour est celui de **Birkenau**, à 2 km à l'ouest. La majorité des exécutions de masse eurent lieu dans cet immense site, construit pour servir de camp d'extermination (à la différence d'Auschwitz I, où certains prisonniers n'étaient exécutés que lorsqu'ils ne pouvaient plus servir d'esclaves). Birkenau a été en grande partie détruit par les nazis à la fin de la guerre, mais les nombreux baraquements encore debout, la longue clôture de fils de fer barbelés et les interminables rangées de cheminées isolées donnent une idée de l'ampleur impensable de ces massacres. À l'entrée, le bâtiment principal abrite une petite exposition, et il est possible de monter dans la tour pour avoir une vue d'ensemble.

Baraquements de Birkenau

Pour prendre toute la mesure de l'horreur de Birkenau, il faut arpenter ses différentes parties, avec les sections séparées pour les hommes et les femmes, et même une petite zone pour les "familles". On voit encore les voies ferrées qui traversaient le centre du camp afin de simplifier et d'accélérer les

Bagages de victimes de la Shoah

Brève histoire de la Shoah

Les mots manquent pour décrire le massacre des populations juives d'Europe par l'Allemagne nazie, mais quelques éléments de contexte sont essentiels pour tenter de comprendre Auschwitz-Birkenau.

Débuts

Au début de la guerre, en 1940 et 1941, les camps tels qu'Auschwitz I abritaient les prisonniers politiques, dont des Polonais. Les Juifs étaient parqués dans des ghettos, à Varsovie, Łódź, Podgórze (Cracovie) et des dizaines d'autres villes.

Les conditions de vie dans les ghettos étaient intentionnellement épouvantables, et des milliers de personnes y moururent.

De l'internement à l'extermination

Après que l'Allemagne eut déclaré la guerre à l'Union soviétique, en 1941, les nazis se lancèrent dans l'extermination des Juifs. À Auschwitz, le camp de Birkenau fut bâti exclusivement dans ce but. Fin 1942 et début 1943, la majorité des Juifs polonais avaient été assassinés. La plupart des victimes des tueries perpétrées à Auschwitz-Birkenau et dans les autres camps jusqu'en 1944. étaient alors des Juifs originaires d'autres pays d'Europe, tels la Hongrie et la France.

Lectures utiles

La visite du camp vous poussera certainement à approfondir vos connaissances sur la Shoah. Il existe pour cela une infinité d'ouvrages universitaires et d'écrits personnels. Pour beaucoup de lecteurs, le grand classique reste *Si c'est un homme*, de Primo Levi, Juif italien détenu dans le camp de Monowitz, à Auschwitz, qui survécut au génocide et devint un écrivain renommé.

Le Polonais Tadeusz Borowski, qui n'était pas juif mais prisonnier politique, a raconté son expérience des camps dans *Le Monde de pierre*.

transferts. C'est ici que les nazis triaient les prisonniers : certains étaient choisis pour travailler comme esclaves et vivre dans les baraquements sordides ; les autres (particulièrement les personnes âgées, les malades et les jeunes enfants) étaient arrachés à leurs proches et conduits directement aux chambres à gaz.

Bains et chambres à gaz

À l'arrière du camp de Birkenau, on peut visiter les bains et suivre le parcours qu'empruntaient les prisonniers vers la mort. Non loin se trouvent les vestiges des chambres à gaz, des fours crématoires et d'autres lieux où les corps étaient brûlés à ciel ouvert, avant que les cendres ne soient déversées dans de petits étangs.

Excursion

Mine de sel de Wieliczka

La mine de sel de Wieliczka est un étrange monde souterrain composé de fosses et de salles emplies de superbes sculptures et bas-reliefs, taillés de la main de l'homme dans le sel gemme. La mine est classée au patrimoine mondial par l'Unesco depuis 1978. Le circuit "touristique" standard présente les grandes curiosités du site. Pour une seconde visite, vous préférerez peut-être le circuit des "mineurs", plus immersif (le prix est le même).

Kopalnia soli Wieliczka

12 278 7302

www.minedeselwieliczka.fr

Ul Daniłowicza 10, Wieliczka

Tarif plein/réduit 94/74 zł

7h30-19h30 avr-oct, 8h-17h nov-mars

Chapelle Sainte-Kinga

Le circuit "touristique" commence par la descente vertigineuse de 380 marches en bois plongeant à 135 m sous terre. Point fort du site, la **chapelle Sainte-Kinga** (Kaplica Św Kingi) est une église de 54 m sur 17 m, haute de 12 m. Tout ce qu'elle contient, des chandeliers aux retables, a été sculpté dans le sel. Il a fallu plus de trente ans à deux frères pour l'achever.

Salle Erazm Barącz

Cette salle située à 100 m sous terre a été partiellement inondée par un lac de 9 m de profondeur. La forte teneur en sel donne à ses eaux une étrange lueur verte.

Salle Stanisław Staszic

Une plateforme panoramique permet de contempler cette impressionnante salle, haute de 36 m. Elle a accueilli des compétitions de sport extrême, et même un vol souterrain en ballon.

Musée de la Mine de sel de Cracovie

La visite s'achève au **musée de la Mine de sel de Cracovie**, aménagé dans 14 salles au troisième niveau. Arrivés à ce stade, la plupart des visiteurs souffrent cependant d'une surdose de sel... De là, un ascenseur permet de remonter à la surface.

Circuit des "mineurs"

Vous êtes déjà venu ? Le **circuit des "mineurs"**, plus captivant, propose de découvrir des secteurs moins explorés de la mine, équipé comme un véritable mineur. Les groupes (20 personnes) partent du "puits Regis", près du centre de Wieliczka. Comptez 3 heures de visite.

★ À savoir

- La visite principale dure 2 heures et couvre environ 3 km.
- La température est de 15°C : prévoyez un manteau ou un pull.
- Les visites en anglais ont lieu toutes les demi-heures, de 8h30 à 18h en été, moins fréquemment le reste de l'année.
- Achetez les billets sur Internet ou adressez-vous à un bureau InfoKraków, ou bien à votre hôtel.
- Plusieurs agences, comme Cracow City Tours, offrent des excursions en bus vers la mine (à partir d'environ 150 zł/pers).

Une petite pause ?

Dans la chambre Budryk, une auberge propose une cuisine polonaise traditionnelle.

★ Comment y aller

Bus 30 minutes au départ de la gare routière principale.

Train 25 minutes au départ de la gare ferroviaire principale.

ADAMOWI
MICKIEWICZOWI
NARÓD

Carnet pratique

Statue d'Adam Mickiewicz, place du marché principal (p. 59)

Avant de partir

Hébergement

- La climatisation est superflue hormis en juillet et août, lors des vagues de chaleur qui touchent parfois Cracovie.
- Se garer dans les environs du centre peut être difficile. Si vous êtes en voiture, renseignez-vous auprès de votre hôtel avant votre arrivée sur les possibilités de stationnement.
- Pour faire des économies, vous pouvez réserver une chambre privative simple ou double en auberge de jeunesse.
- Si vous craignez le bruit, demandez une chambre éloignée de la rue. Prenez garde, les chambres au dernier étage, directement sous les toits, peuvent être étouffantes en été.
- Notez que, si les hôtels les plus chers annoncent parfois leurs tarifs en euros, vous réglerez toujours en złoty.

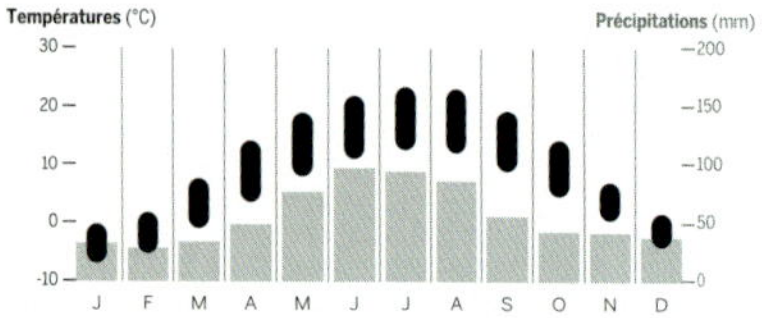

Quand partir

- **Hiver** (nov-mars). Les jours sont courts, peu lumineux, avec de la neige et des bourrasques. Les touristes viennent pour les festivités animées de Noël et du Nouvel An.
- **Printemps** (avr-juin). La saison touristique commence en avril. Hébergements pris d'assaut à Pâques.
- **Été** (juil-août). Ensoleillé, temps parfois chaud. La Vieille Ville est bondée de touristes.
- **Automne** (sept-oct). Temps occasionnellement ensoleillé mais frais. Certains sites ferment avant l'hiver.

Sites Internet

La plupart des hôtels et auberges de jeunesse de Cracovie apparaissent sur les grands sites de réservation tels que **booking.com** (www.booking.com).

Noce.pl (www.noce.pl). Site de réservation polonais proposant de nombreux appartements à Cracovie.

InfoKraków (infokrakow.pl). Les antennes de l'office du tourisme vous aideront à vous loger.

Airbnb (www.airbnb.fr). Service mondial de location de chambres et d'appartements chez des particuliers ; nombreux hébergements à Cracovie.

Lonely Planet (www.lonelyplanet.fr). Conseils et réservations.

Petits budgets

Hostel Atlantis (www.atlantishostel.pl). Propreté, bon rapport qualité/prix et superbe emplacement à Kazimierz.

Mundo Hostel (mundohostel.eu). Équipe accueillante et compétente qui sait rendre le séjour en auberge de jeunesse agréable.

Let's Rock Hostel (letsrockhostel.com). Tournées des pubs et soirées de fête dans la Vieille Ville.

Ars Hostel (arshostel.pl). Excellent emplacement, entre le Wawel et Kazimierz.

Goodbye Lenin Revolution Hostel (goodbyelenin.pl). Kitsch ironique et chambres individuelles abordables.

Catégorie moyenne

U Pana Cogito (www.pcogito.pl). Cadre charmant, dans un vieux manoir soigné.

Hotel Eden (www.hoteleden.pl). Meilleur hôtel privé du centre de Kazimierz.

Plaza Boutique Hotel (plazahotelkrakow.pl). Excellent rapport qualité/prix au cœur de Podgórze.

Hotel Pod Wawelem (www.hotelpodwawelem.pl). Certaines des chambres donnent sur le château royal du Wawel.

Grand Ascot Hotel (grandascot.pl). Hôtel flamboyant situé à proximité de la Vieille Ville et des discothèques de l'ouest de Cracovie.

Catégorie supérieure

Metropolitan Boutique Hotel (www.hotelmetropolitan.pl). Luxueuse maison de ville du XIXe siècle servant d'écrin à une décoration moderne.

Hotel Stary (stary.hotel.com.pl). Somptueux détails d'époque (poutres apparentes, parquets cirés) débordant de charme.

Hotel Copernicus (copernicus.hotel.com.pl). Établissement chic du Wawel, avec une admirable vue depuis la terrasse sur le toit.

Hotel Pod Różą (podroza.hotel.com.pl). Objets anciens et tapis orientaux confèrent à cet établissement une atmosphère "Vieux Continent" exquise.

Arriver à Cracovie

Aéroport international Jean-Paul-II

Aussi gracieux que moderne, l'**aéroport international Jean-Paul-II** (KRK ; ✆12 295 5800, 801 055 000 ; www.krakowairport.pl ; ul Kapitana Mieczysława Medweckiego 1, Balice ; Wi-Fi) est situé à Balice, à environ 15 km à l'ouest du centre de Cracovie. Il accueille tous les vols intérieurs et internationaux et possède guichets de location automobile, DAB, bureaux de change et bureau d'information touristique.

La liaison en **train** entre l'aéroport et la gare principale de Cracovie (9 zł, 20 minutes, toutes les 30 minutes) s'effectue tous les jours entre 4h et minuit environ.

Le **bus** n°208 rallie la gare routière de Cracovie (4,60 zł, 45 minutes, 1/heure) entre 4h30 et 22h30.

Voyages et changements climatiques

Tous les moyens de transport fonctionnant à l'énergie fossile génèrent du CO_2 – la principale cause du changement climatique induit par l'homme. L'industrie du voyage est aujourd'hui dépendante des avions. Si ceux-ci ne consomment pas nécessairement plus de carburant par kilomètre et par personne que la plupart des voitures, ils parcourent en revanche des distances bien plus grandes et relâchent quantité de particules et de gaz à effet de serre dans les couches supérieures de l'atmosphère. De nombreux sites Internet utilisent des "compteurs de carbone" permettant aux voyageurs de compenser le niveau des gaz à effet de serre dont ils sont responsables par une contribution financière à des projets respectueux de l'environnement. Lonely Planet "compense" les émissions de tout son personnel et de ses auteurs.

Pour un **taxi** vers le centre-ville, prévoyez 70-90 zł et autour de 30 minutes de trajet.

Depuis la France

- Lors de nos recherches, **Air France** (www.airfrance.fr) proposait au départ de l'aéroport Paris-Charles-de-Gaulle des vols directs (2 heures 05) ou avec escale pour la saison estivale (à partir de 225 € A/R).
- **Austrian Airlines** (www.austrian.com) assure des vols pour Cracovie depuis Paris-CDG avec une escale à Vienne (à partir de 150 € A/R, environ 4 heures).
- **LOT Polish Airlines** (www.lot.com) rallie Cracovie *via* une escale à Varsovie au départ de Paris-CDG (à partir de 150 € A/R, environ 4 heures).
- **Lufthansa** (www.lufthansa.com) propose des vols depuis Paris-CDG avec une escale en Allemagne (à partir de 150 € A/R, 4 heures).
- La compagnie low cost **Easy Jet** (www.easyjet.com) propose des vols directs depuis Paris-CDG (à partir de 115 € A/R).
- **Ryanair** (www.ryanair.com) assure certains jours des liaisons directes depuis l'aéroport de Beauvais (à partir de 25 € l'aller).

Depuis la Belgique

- **Brussels Airlines** (www.brusselsairlines.com) propose des vols directs vers Cracovie depuis l'aéroport de Bruxelles (à partir de 85 € A/R, 2 heures).
- **LOT Polish Airlines** (www.lot.com) assure des liaisons entre Bruxelles et Cracovie, avec une escale à Varsovie (à partir de 115 € A/R, 4 heures)
- Depuis l'aéroport Bruxelles-Sud-Charleroi, la compagnie low cost **Ryanair** (www.ryanair.com) propose des vols directs (à partir de 75 € A/R, 2 heures).

Depuis la Suisse

- **Swiss Air** (www.swiss.com) propose des vols directs depuis Zurich (à partir de 155 CHF), et depuis Bâle et Genève avec une escale à Munich (à partir de 165 CHF).
- **LOT Polish Airlines** (www.lot.com) assure depuis Zurich et Genève des liaisons directes ou avec une escale à Varsovie (à partir de 120 CHF A/R, 4 heures).
- **Lufthansa** (www.lufthansa.com) propose des liaisons aériennes entre Zurich et Cracovie avec une escale en Allemagne (à partir de 150 CHF A/R, 3 heures).
- **Easy Jet** (www.easyjet.com) assure des vols directs depuis l'aéroport de Bâle (à partir de 35 CHF l'aller).

Depuis le Canada

- **LOT Polish Airlines** (www.lot.com) relie Toronto et Cracovie avec une escale à Varsovie (à partir de 1280 $CA A/R).
- **Lufthansa** (www.lufthansa.com) assure des vols avec escale, à Munich ou à Francfort, depuis Toronto (à partir de 1190 $CA) et Montréal (1175 $CA).

Gare ferroviaire principale de Cracovie

Très moderne et joliment aménagée, la **gare principale de Cracovie** (Kraków Główny ; ☎ 22 391 9757 ; www.pkp.pl ; ul Pawia 5a ; 📶 ; 🚋 2, 3, 4, 5, 10, 14, 17, 19, 20, 44, 50, 52) se trouve à la lisière nord-est de la Vieille Ville. On y accède par le centre commercial de la Galeria Krakowska (p. 133). En majeure partie souterraine, la gare comporte des guichets d'information, ainsi que des billetteries sur plusieurs niveaux. Si vous cherchez les consignes à bagages (6 zł/jour) et les casiers (grand/petit 12/8 zł par jour), rendez-vous au quai n°5. Nombreux DAB, restaurants et magasins.

- **À pied**, comptez 10 minutes pour rejoindre la Vieille Ville en suivant ul Pawia sud.
- Les **tramways** relient la gare à tous les quartiers de la ville. La plupart s'arrêtent au sud de la gare ferroviaire, à la limite nord de la Vieille Ville, ou sur ul Pawia.

Un fil d'Ariane en voyage

Vous êtes ressortissant français ? Pensez à vous enregistrer sur le **portail Ariane** (pastel.diplomatie.gouv.fr/fildariane) du ministère des Affaires étrangères. Ce service gratuit vous permet de recevoir des alertes si la situation le justifie. Crise politique, catastrophe naturelle, attentat... recevez en temps réel des consignes de sécurité lors de votre voyage.

Il existe une application pour les Smartphones et les tablettes, intitulée *Conseils aux voyageurs*.

Gare routière

La **gare routière** (☎703 403 340 ; www.mda.malopolska.pl ; ul Bosacka 18 ; 📶 ; 🚌2, 3, 4, 5, 10, 14, 17, 19, 20, 44, 50, 52) de Cracovie, au nord-est de la Vieille Ville, jouxte la gare ferroviaire principale. Entrez dans la gare ferroviaire, puis suivez les panneaux. Guichets d'information, casiers et distributeurs présents sur place. Presque tous les cars interurbains (pour la Pologne comme pour l'étranger) arrivent et partent dans cette gare.

- **À pied**, comptez 10 minutes pour rejoindre la Vieille Ville en suivant ul Pawia sud.
- Les **tramways** relient la gare à tous les quartiers. La plupart s'arrêtent au sud de la gare, à la limite nord de la Vieille Ville, ou sur ul Pawia.

Comment circuler

Tramway et bus

- Un vaste réseau est géré par l'**autorité des transports publics à Cracovie** (Miejskie Przedsiębiorstwo Komunikacyjne, MPK ; ☎12 19150 ; www.mpk.krakow.pl).
- Les transports circulent tous les jours entre 5h et 23h environ.
- Les offices du tourisme InfoKraków distribuent des plans du réseau (toutefois pas toujours à jour, les travaux et déviations temporaires étant fréquents).

Billets et pass

- Les billets sont valables indifféremment dans les tramways et les bus.
- La durée de validité des billets peut être de 20 minutes (3,40 zł), 50 minutes (4,60 zł) ou jusqu'à 24/48/72 heures (15/28/42 zł).
- Les billets sont en vente aux distributeurs (*automat biletów*), à bord, aux arrêts importants, et dans certains bureaux et kiosques de presse. Des distributeurs n'acceptent que les pièces, et d'autres acceptent les billets et les cartes bancaires.
- Compostez votre billet lorsque vous montez à bord ; les contrôles sont fréquents, et l'amende pour ceux qui voyagent sans billet valable est élevée (240 zł).

Taxi

- Le taxi est un moyen viable et relativement abordable de se déplacer.
- Il est plus sage de réserver un taxi par téléphone plutôt que d'en héler un dans la rue. Ne montez que dans des taxis clairement identifiés, et demandez toujours un reçu à la fin de la course.
- Le compteur doit démarrer à 7 zł et augmente de 2,30 zł par kilomètre (3,50 zł par kilomètre entre 22h et 6h, ainsi que le dimanche).
- Des applications comme **Uber** et **Bolt** (Taxify) fonctionnent à Cracovie, et proposent parfois des tarifs légèrement inférieurs.

- Les compagnies **iTaxi** (737 737 737 ; itaxi.pl) et **Radio Taxi Barbakan** (609 400 400, 12 19661 ; barbakan.krakow.pl) sont fiables.

Vélo

- Se déplacer à vélo dans Cracovie est assez aisé, même si les voitures et les tramways restent un danger permanent.
- Des pistes cyclables balisées longent les berges et font le tour de la Vieille Ville en suivant le Planty.
- Plusieurs agences touristiques de Cracovie proposent des circuits à vélo. Les offices du tourisme InfoKraków distribuent des plans gratuits pour les cyclistes.
- La location est possible auprès de **Dwa Koła** (12 421 5785 ; www.dwakola.internetdsl.pl ; ul Józefa 5 ; 7/50 zł pour 1 heure/jour ; 10h-18h ; 6, 8, 10, 13) et de **Krk Bike Rental** (509 267 733 ; www.krkbikerental.pl ; ul Św Anny 4 ; 12/60 zł pour 1 heure/jour ; 1, 6, 8, 13, 18). Ces agences proposent aussi des circuits organisés.
- Les vélos en libre-service de la ville, **Wavelo Kraków City Bike** (12 290 3333 ; en.wavelo.pl), permettent de payer à la minute ou de louer un vélo pour un maximum de 12 heures. Des stations existent dans toute la ville.

Infos pratiques

Argent

La monnaie officielle en Pologne est le złoty (zł). 1 złoty = 100 groszy (gr). Il existe des billets de 10 zł, 20 zł, 50 zł, 100 zł et 200 zł, et des pièces de 1 gr, 2 gr, 5 gr, 10 gr, 20 gr et 50 gr, ainsi que de 1 zł, 2 zł et 5 zł. Ayez toujours un peu de monnaie ou de petites coupures pour payer un billet de tramway ou un café.

Cartes bancaires

- Les cartes bancaires telles que Visa et Mastercard sont acceptées presque partout. Elles sont parfois refusées pour les petites transactions (inférieures à 10 zł).
- La carte American Express, bien que moins répandue que les autres cartes, est en règle générale acceptée dans les grands hôtels et les restaurants.

Distributeurs automatiques de billets (DAB)

- Des DAB sont présents partout, notamment dans les rues principales et au cœur des principaux quartiers.
- Les DAB acceptent la plupart des cartes internationales, et requièrent tous un code PIN à quatre chiffres.
- Plutôt que de changer votre argent, il peut revenir moins cher de retirer directement à un distributeur de billets selon vos besoins. Le taux de change y est en principe plus favorable qu'auprès des banques et bureaux de change.

Espèces

- Vous pourrez changer votre argent auprès des banques et des *kantors* (bureaux de change privés).

- Ils sont présents dans les rues principales, à proximité des agences de voyages, des gares ferroviaires et des bureaux de poste. N'hésitez pas à comparer les taux.
- Les *kantors* sont normalement ouverts de 9h à 18h en semaine et de 9h à 14h le samedi. Certains ont des horaires plus étendus, et un petit nombre est ouvert 24h/24.

Pourboire

- Au restaurant, l'usage est de donner 10% de pourboire si vous êtes satisfait du service. Laissez le pourboire avec l'addition ou donnez-le directement au serveur.
- Pour les coiffeurs, les guides touristiques et autres services à la personne, laissez 10% de pourboire.
- Les chauffeurs de taxi n'attendent généralement pas de pourboire, mais vous pouvez arrondir aux 5 ou 10 zł supérieurs si vous êtes particulièrement satisfait du service.

Cartes de réduction

La **Krakow Card** (www.krakowcard.com), en vente sur Internet ou aux offices du tourisme InfoKraków (2/3 jours 120/140 zł), donne accès aux transports en commun et à près de 40 sites, dont l'usine de Schindler, le Rynek souterrain, le Musée national, l'église Notre-Dame et la pharmacie sous l'Aigle. Le château royal du Wawel en est exclu.

Désagréments et dangers

Cracovie est globalement sûre pour les voyageurs. Très touristique, elle a cependant son lot de pickpockets ; restez vigilant dans les lieux publics remplis de monde.

- En été, l'affluence touristique implique plus d'attente pour visiter les grands sites comme l'usine de Schindler et le château royal du Wawel.
- Certains billets d'entrée ou créneaux horaires d'arrivée peuvent être réservés sur Internet de manière à réduire le temps l'attente.

Électricité

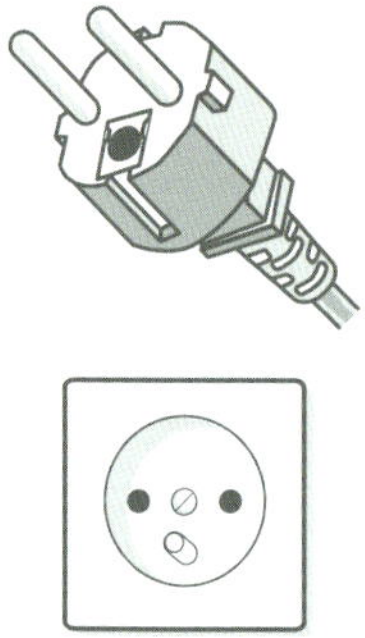

Type E
220 V/50 Hz

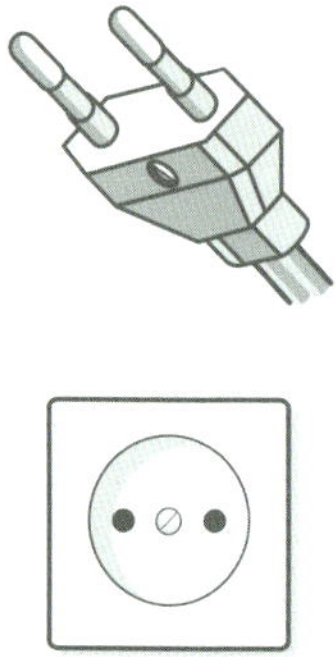

Type C
220 V/50 Hz

Formalités et visas

- Une simple carte d'identité suffit pour les ressortissants de l'Union européenne et de la Suisse.

Conseils aux voyageurs

La plupart des gouvernements possèdent des sites Internet qui recensent les dangers possibles et les régions à éviter. Consultez notamment les sites suivants :

- **Ministère des Affaires étrangères français** (www.diplomatie.gouv.fr)
- **Ministère des Affaires étrangères de Belgique** (diplomatie.belgium.be)
- **Département fédéral des Affaires étrangères suisse** (www.eda.admin.ch/eda/fr/dfae.html)
- **Ministère des Affaires étrangères du Canada** (www.voyage.gc.ca)

- Les Canadiens n'ont pas besoin de visa pour un séjour de moins de 90 jours, mais doivent présenter un passeport en cours de validité.
- Plus d'informations sur le site Internet du ministère polonais des Affaires étrangères (www.gov.pl/web/diplomacy).

Handicapés

- Durant la dernière décennie, Cracovie a fait de remarquables progrès concernant l'accessibilité aux voyageurs handicapés.
- La plupart des nouveaux bâtiments sont adaptés aux handicapés, et un nombre croissant d'édifices plus anciens sont en cours de modernisation.
- La place du marché principal et les rues environnantes sont désormais largement accessibles, avec des revêtements lisses et des rampes sur les trottoirs.
- La mine de sel de Wieliczka a été équipée d'infrastructures pour les personnes en fauteuil roulant.
- Cela dit, les trottoirs hauts et les escaliers (surtout dans le château royal du Wawel) peuvent poser problème. Les tramways et bus récents sont praticables, mais pas les plus anciens. Beaucoup de vieux bâtiments restent inaccessibles en fauteuil roulant.
- En France, l'**APF France handicap** (siège national ☎01 40 78 69 00 ; www.apf-francehandicap.org ; 17, bd Auguste-Blanqui, 75013 Paris) pourra vous fournir des informations utiles sur les voyages accessibles. **Yanous** (www.yanous.com), **Hizy** (hizy.org), **Handicap.fr** (www.handicap.fr) et **Tourisme et handicaps** (www.tourisme-handicaps.org) constituent également de bonnes sources d'information.
- Désormais, les principales plateformes d'hébergement que sont **Abritel** (www.abritel.fr), **Airbnb** (www.airbnb.fr), **Booking** (www.booking.com) et **Hotels.com** (fr.hotels.com) ont intégré des critères d'accessibilité à leur moteur de recherche. **Mobee Travel** (www.mobeetravel.com) est une start-up qui regroupe des hébergements accessibles et qui propose aussi des séjours sur mesure. Plus modeste, **Wilengo** (www.wilengo.com)

Pas d'impair !

Tenue vestimentaire Pour visiter Cracovie, optez pour une tenue décontractée et confortable. Les vêtements élégants sont parfaits pour l'opéra ou pour un dîner dans un bon restaurant (une veste pour les hommes, un tailleur jupe ou pantalon pour les femmes). Soyez bien habillé si vous souhaitez vous rendre en discothèque.

Religion Dans les églises et les monastères, montrez-vous respectueux et silencieux. Portez une tenue correcte (pantalon pour les hommes et épaules couvertes pour les femmes ; évitez les jupes et shorts courts). Évitez d'utiliser votre flash, et n'oubliez pas d'effectuer un don symbolique à l'entrée.

Transports en commun Ne bloquez pas la porte dans les tramways bondés. Cédez toujours votre place aux personnes âgées, handicapées et aux femmes enceintes.

Politesse Lorsque vous rencontrez quelqu'un, la salutation d'usage est un *dzień dobry!* (djiègn *do*·bré ; bonjour !) amical. Vous vous quitterez ensuite avec un chaleureux *do widzenia!* (do vi·*dzè*·nia ; au revoir !).

À table Lorsque l'on porte un toast entre amis, on s'écrie *na zdrowie!* (na *zdro*·vië ; santé !). Avant de commencer à manger, souhaitez *smacznego!* (smatch·*nè*·go ; bon appétit !) à tout le monde. À la fin du repas, dites *dziękuję* (djiain·*kou*·yain ; merci).

fonctionne sur le modèle d'Airbnb. Les agences de voyages **Yoola** (www.yoola.fr) et **Comptoir des voyages** (www.comptoir.fr) organisent des voyages adaptés aux personnes à mobilité réduite.

Heures d'ouverture

La plupart des établissements appliquent les horaires suivants. Les centres commerciaux ont en général des créneaux plus larges et sont ouverts de 9h à 20h le week-end. Les musées sont souvent fermés le lundi et réduisent parfois leurs horaires en dehors de la haute saison.

Banques 9h-16h lun-ven, 9h-13h sam

Bureaux 9h-17h lun-ven, 9h-13h sam

Bureaux de poste 8h-19h lun-ven, 8h-13h sam

Restaurants 11h-22h

Magasins 8h-18h lun-ven, 10h-14h sam

Homosexualité

Bien que l'homosexualité soit légale en Pologne, les mentalités restent assez frileuses. L'Église catholique et le gouvernement conservateur en place se sont opposés à des initiatives visant à ce qu'elle soit mieux acceptée dans la sphère publique.

- Il est conseillé aux voyageurs LGBT+ de rester discrets et d'éviter les démonstrations d'affection en public.
- Cracovie compte une population LGBT+

restreinte, mais assez active, avec quelques bars et discothèques accueillants qui changent fréquemment.

Jours fériés

Nouvel An 1er janvier

Épiphanie 6 janvier

Dimanche de Pâques Mars ou avril

Lundi de Pâques Mars ou avril

Fête du Travail 1er mai

Fête nationale (Constitution) 3 mai

Dimanche de Pentecôte Septième dimanche après Pâques

Fête-Dieu Neuvième jeudi après Pâques

Assomption 15 août

Toussaint 1er novembre

Fête nationale (Indépendance) 11 novembre

Noël 25 décembre

Saint-Étienne 26 décembre

Office du tourisme

- **InfoKraków** (infokrakow.pl), l'office du tourisme officiel, a plusieurs antennes à travers la ville. On vous y renseignera avec le sourire, et vous obtiendrez des plans de ville gratuits, ainsi que de l'aide pour organiser votre hébergement et vos transports. Wi-Fi gratuit dans certaines antennes.

- Des offices du tourisme existent dans la plupart des lieux touristiques faciles d'accès, dont la **Vieille Ville** (12 354 2725 ; ul Św Jana 2 ; 9h-19h ; ; 1, 6, 8, 13, 18), la **halle aux Draps** (12 354 2716 ; Rynek Główny 1/3 ; 9h-19h mai-oct, 9h-17h nov-avr ; ; 1, 6, 8, 13, 18), **Kazimierz** (12 354 2728 ; ul Józefa 7 ; 9h-17h ; ; 6, 8, 10, 13), **Nowa Huta** (12 354 2714 ; Osiedle Zgody 7, Now Huta ; 10h-19h ; ; 4, 10, 22, 44) et l'**aéroport** (12 285 5341 ; aéroport international Jean-Paul-II, Balice ; 9h-19h ;).

Téléphone

Appels nationaux et internationaux

- L'indicatif téléphonique de la Pologne est le 48.

- Tous les numéros de téléphone, fixes et portables, sont composés de neuf chiffres.

Faites des économies

- Prenez votre repas principal le midi. De nombreux restaurants proposent des offres spéciales avec des menus à deux ou trois plats pour le déjeuner.

- Profitez des restaurants végétariens à la clientèle généralement étudiante, ainsi que des traditionnels bars à lait polonais (*bar mleczny*) où il est possible de prendre un repas copieux pour environ 20 zł.

- De nombreux musées sont gratuits un jour de la semaine.

- Si vous prévoyez de beaucoup vous déplacer en tramway, achetez les pass 24h, 48h ou 72h, très économiques par rapport aux billets à l'unité.

- Pour appeler à l'étranger depuis la Pologne, composez le code d'accès international ☎00, suivi de l'indicatif téléphonique du pays et du numéro du destinataire (sans le ☎0 initial pour la France). Pour appeler la Pologne depuis l'étranger, composez le code d'accès international ☎00, puis le 48 et enfin le numéro de téléphone à neuf chiffres.

Téléphones portables

- La Pologne, comme le reste de l'Europe, utilise le réseau GSM 900/1800, incompatible avec la plupart des téléphones nord-américains (renseignez-vous auprès de votre opérateur).
- Afin d'éviter des frais d'itinérance parfois élevés, il peut être intéressant de se procurer sur place une carte SIM prépayée (à partir de 10 zł), faciles à installer.
- Assurez-vous auparavant que votre téléphone est débloqué (et peut accepter les cartes SIM étrangères).

Toilettes

- Les toilettes publiques sont indiquées "*toaleta*" ou "WC". Elles sont habituellement propres et bien tenues.
- Pour les hommes, la porte indique "*dla panów*" ou "*męski*", ou un triangle la pointe en bas.
- Pour les femmes, suivez l'indication "*dla pań*" ou "*damski*", ou la porte arborant un cercle.
- L'accès aux toilettes publiques coûte souvent 2 zł, à donner au préposé assis à l'entrée. Prévoyez de la monnaie.

Urgences

Numéro d'urgence unique	☎112
Ambulance	☎999
Police	☎997
Pompiers	☎998

Langue

Au niveau linguistique, la Pologne est l'un des pays les plus homogènes d'Europe. Le polonais, langue slave, proche du tchèque et du slovaque, est la langue maternelle de plus de 95% de la population. On en compte 45 millions de locuteurs.

La prononciation des voyelles est généralement courte, ce qui leur donne une intonation "sèche". Notez que **ą** se prononce "on", **e** se prononce "è", **ę** se prononce "ain", **ó** et **u** se prononcent "ou", **y** se prononce "é", et que le **o** est clair comme dans "botte". Pour les consonnes, **ł** se prononce "w" comme dans "william", **c** se prononce "ts", **sz** se prononce "ch", **cz** se prononce "tch", **j** se prononce "y" comme dans "yoyo", **rz** se prononce "j", **ch** se prononce "r" guttural, et le **r** est roulé. Si vous lisez les indications de prononciation comme s'il s'agissait de français, on vous comprendra très bien. Les voyelles accentuées sont en italique.

Vous trouverez un guide de conversation sur **lonelyplanet.fr**.

Basiques

Salut.
Cześć. — tchèchtch

Au revoir.
Do widzenia. — do vi·*dzè*·nia

Oui/Non.
Tak/Nie. — tak/niè

S'il vous plaît/Je vous en prie.
Proszę. — *pro*·chain

Merci.
Dziękuję. — djiain·*kou*·yain

Excusez-moi/Pardon.
Przepraszam. — pchè·*pra*·cham

Comment allez-vous ?
Jak pan/pani się miewa ? (m/f) — yak pan/*pa*·ni chiain *miè*·va

Bien. Et vous ?
Dobrze. — *dob*·jè
A pan/pani ? (m/f) — a pan/*pa*·ni

Parlez-vous français/anglais ?
Czy pan/pani mówi po francusku/angielsku ? (m/f) — tché pan/*pa*·ni *mou*·vi po fran·tsou·skou/an·*gièl*·skou

Je ne comprends pas.
Nie rozumiem. — niè ro·*zou*·mièm

Manger et boire

Pourrais-je avoir le menu, s'il vous plaît ?
Proszę o jadłospis ? — *pro*·chain o ya·*dwo*·spis

Pour aller plus loin

Indispensable pour mieux communiquer sur place : le *Guide de conversation Polonais* de Lonely Planet. Pour réserver une chambre, lire un menu ou faire connaissance, ce manuel permet d'acquérir des rudiments de polonais. Inclus : un minidictionnaire bilingue.

Je ne mange pas de viande.
Nie jadam mięsa. — niè ya·dam miain·sa

Santé ! *Na zdrowie !* — na zdro·viè

L'addition, s'il vous plaît.
Proszę o rachunek. — pro·chain o ra·Rhou·nèk

Achats

J'aimerais acheter...
Chcę kupić... — Rhtsain kou·pitch

Je ne fais que regarder.
Tylko oglądam. — tél·ko o·glon·dam

Combien ça coûte ?
Ile to kosztuje ? — i·lè to koch·tou·yè

C'est trop cher.
To jest za drogie. — to yèst za dro·giè

Pouvez-vous baisser le prix ?
Czy może pan/pani obniżyć cenę ? (m/f) — tché mo·jè pan/pa·ni ob·ni·jétch tsè·nain

Urgences

À l'aide ! *Na pomoc !* — na po·mots

Partez ! *Odejdź !* — o·dèydj

Appelez la police !
Zadzwoń po policję ! — zad·zvogn po po·li·tsyain

Appelez un médecin !
Zadzwoń po lekarza ! — zad·zvogn po lè·ka·ja

Je suis perdu(e).
Zgubiłem/am się. (m/f). — zgou·bi·wèm/wam chiain

Je suis malade.
Jestem chory/a. (m/f) — yès·tèm Rho·ré/ra

Où sont les toilettes ?
Gdzie są toalety ? — gdjiè son to·a·lè·té

Heure et chiffres

Quelle heure est-il ?
Która jest godzina ? — ktou·ra yèst go·dji·na

Il est une heure.
Pierwsza. — pièrv·cha

... et demie (10).
Wpół do (jedenastej). — vpouw do (yè·dè·nas·tèy)

matin
rano — ra·no

après-midi
popołudnie — po·po·woud·niè

soir
wieczór — viè·tchour

hier
wczoraj — vtcho·ray

aujourd'hui
dziś/dzisiaj — djich/dji·chiay

demain
jutro — you·tro

1	*jeden*	yè·dèn
2	*dwa*	dva
3	*trzy*	tché
4	*cztery*	tchtè·ré
5	*pięć*	piaintch
6	*sześć*	chèchtch
7	*siedem*	chiè·dèm
8	*osiem*	o·chièm
9	*dziewięć*	djiè·viaintch
10	*dziesięć*	djiè ·chiaintch

Transport et directions

Où se trouve... ?
Gdzie jest...? — gdjiè yèst

Quelle est l'adresse ?
Jaki jest adres? — ya·ki yèst ad·rès

Pouvez-vous me montrer (sur le plan) ?
Czy może pan/pani mi pokazać (na mapie) ? (m/f) — tché mo·jè pan/pa·ni mi po·ka·zatch (na ma·piè)

Quand passe le prochain (bus) ?
Kiedy jest następny (autobus) ? — kiè·dé yèst nas·tainp·né (aou·to·bous)

Un billet de... (pour Katowice).
Proszę bilet ... (do Katowic). — pro·chain bi·lèt (do ka·to·vits)

En coulisses

Vos réactions ?

Vos commentaires nous sont très précieux pour améliorer nos guides. Notre équipe lit vos lettres avec la plus grande attention et prend en compte vos remarques pour les prochaines mises à jour. Pour nous faire part de vos réactions, prendre connaissance de notre catalogue et vous abonner à notre newsletter, consultez notre site Internet : **www.lonelyplanet.fr**

Nous reprenons parfois des extraits de notre courrier pour les publier dans nos guides ou sites Web. Si vous ne souhaitez pas que vos commentaires soient repris ou que votre nom apparaisse, merci de nous le préciser. Notre politique en matière de confidentialité est disponible sur notre site Internet.

Un mot de l'auteur

Je voudrais remercier le personnel des offices du tourisme InfoKraków pour leurs renseignements et leurs conseils. Un merci particulier à mon amie Olga Brzezińska, ainsi qu'à Anna Szybist – sa connaissance qui travaillait à l'hôtel de ville de Cracovie – pour leurs astuces et leur aide. Merci aussi à mes amis de toute la Pologne pour leur soutien, et à mes coauteurs sur ce projet. Enfin, merci à mon éditrice Gemma Graham pour m'avoir proposé ce guide.

Crédits photographiques

Photographie de couverture : Vieille Ville (p. 50), kilhan/Getty Images ©

Photographies p. 30-31 (de haut en bas et de gauche à droite) : Marcin_Kadziolka/Getty Images ; Jaroslav Moravcik/Shutterstock ; LALS STOCK/Shutterstock ©

À propos de cet ouvrage

cette 3e édition française de *Cracovie en quelques jours est une traduction-adaptation du Pocket Kraków 3rd edition,* Mark Baker en est l'auteur ainsi que la précédente édition.

Traduction
Kevin Thévenet

Direction éditoriale
Didier Férat

Coordination éditoriale
Cécile Couet

Responsable prépresse
Jean-Noël Doan

Maquette
Marie Dautet

Cartographie
Nicolas Chauveau

Couverture
Laure Wilmot

Merci à Anne-Rozenn Jouble et Basile Mariton

Index

Voir aussi les index :

Se restaurer p. 160
Prendre un verre p. 161
Sortir p. 161
Shopping p. 162

Référence des **sites**
Référence des **cartes**

Se restaurer

Référence des **sites**
Référence des **cartes**

Shopping

A

B

G

K

L

M

P

R

S

V

Notes

Notes